beck'sche reihe

bsr

Was hat die Echternacher Springprozession mit dem Rinderwahnsinn zu tun? Wer ist der Mann im Mond? Wer war der Dagobert Duck der Antike? Welches stolze europäische Volk hat seinen Namen von den furchtsamen Kaninchen, und warum sind die Russen eigentlich Schweden?
Meist übersehen und vielen unbewußt, steckt schon die alltägliche Welt voller erstaunlicher Geheimnisse und kurioser Traditionen. Der Ausflug junger Männer am Vatertag schließt an das Vorbild der Jünger Jesu an, der deutsche Bundesadler ist ein Relikt des Römischen Weltreichs, und der Parasit war einst eine Persönlichkeit von Rang.
Vom feuchtfröhlichen Alaaf bis zum strengen Herrn Zebaoth, von den drei Astrologen aus dem Morgenland bis zum Papst Sylvester erläutert Peter Köhler Wörter und Redensarten, Symbole und Sitten aus dem Effeff. Fachkundig und anschaulich, ohne die Antworten auf die lange Bank zu schieben oder den Leser ins Bockshorn zu jagen, erklärt er, wer der Weihnachtsmann wirklich ist und warum er einen roten Mantel trägt, aber auch, was ein «Eumel» ist und wo die kleinen schmutzigen Wörter herkommen. Wissenswertes und Vergnügliches, Bedeutendes und Nebensächliches von A bis @ bietet dieser «neue Basar der Bildungslücken».

Dr. phil *Peter Köhler* ist Journalist und Schriftsteller. Zahlreiche Buchveröffentlichungen. Bei C.H. Beck ist u.a. von ihm erschienen: *Basar der Bildungslücken. Kleines Handbuch des entbehrlichen Wissens* ([2]2001)

Peter Köhler

Warum der Osterhase Eier legt

Der neue Basar der Bildungslücken

Verlag C.H.Beck

Originalausgabe

Satz: Fotosatz Reinhard Amann, Aichstetten
Druck und Bindung: Druckerei C. H. Beck, Nördlingen
Umschlagabbildung: © Michael Sowa
Umschlagentwurf: +malsy, Bremen
Printed in Germany
ISBN 3 406 49456 0

www.beck.de

Inhalt

Vorwort

Man muß schon ein Sokrates sein, um mit seinem Unwissen renommieren zu können, und man muß wohl im klassischen Griechenland gelebt haben, um Sokrates noch unterbieten zu dürfen und damit sogar angenehm aufzufallen. Denn auf dessen berühmte Behauptung «Ich weiß, daß ich nichts weiß» setzte der Philosoph Metrodor von Chios noch einen drauf (oder drunter): «Dann weiß Sokrates immerhin mehr als ich. Ich weiß nicht einmal, daß ich nichts weiß ...»

Heute würde sich, wer nichts weiß und das allen Ernstes ausposaunt, ein Armutszeugnis ausstellen. «Bildung ist die Fähigkeit, bei der Konversation mit kultivierten Leuten mitzuhalten, ohne unangenehm aufzufallen», schreibt Dietrich Schwanitz in seinem Bestseller, der «Alles, was man wissen muß», schnell zu vermitteln verspricht. Bildung in diesem Sinn erscheint als eine Sammlung von nützlichen Informationen über große Ereignisse und gewaltige Leistungen; sie können auswendig gelernt, abgefragt und bei Bedarf eingesetzt werden und dienen dem eigenen Fortkommen, auf daß es laufe wie geschmiert.

Ein solches Wissen und eine solche Haltung sind nicht verkehrt, um so weniger, wenn sich der Satz des Sokrates hinzugesellt, der, richtig verstanden, die Ungewißheit allen Wissens auf den Begriff bringt. Doch zur Bildung gehören auch Dinge, von denen man nicht ahnt, ob, wann und wozu sie einmal gut sein können. Etwa so dachte Oscar Wilde: «Es ist sehr betrüblich», klagte er, «daß es heutzutage so wenig nutzlose Informationen gibt.»

Es muß nicht immer Bildungskaviar sein, gewonnen aus den epochalen Ruhmestaten und erhabenen Kulturleistungen der Menschheit. Den Bildungshunger zu stillen, genügt ab und zu einfachere Geistesnahrung. Auch die Nebensachen des Alltags und der Kleinkram des normalen Lebens können die Neugier wecken und nach Erklärung verlangen, die ganz gewöhnlichen Gegenstände, Wörter, Bräuche und Symbole, an deren Oberfläche nicht selten tiefe Rätsel aufscheinen.

Darum soll es im folgenden gehen: Einblick zu nehmen und Einsicht zu gewinnen in Dinge, über die man stets hinwegsieht und eines Tages zufällig stolpert. Dann staunt man über die lustigen «Zechinen» und «Bimbes» oder stutzt über das altertümliche «Ehegespons». Plötzlich wundert man sich, wenn einer «am Hungertuch nagt», und wird an den «blinden Hessen» irre. Mit einem Mal fragt man sich, weshalb Schüler den Unterricht eigentlich «schwänzen» oder wieso jemand, der schielt, einen «Silberblick» hat. Man schüttelt den Kopf über manche Bräuche zu Ostern und Weihnachten, die wenig christlich scheinen, und rätselt, warum die deutsche Flagge schwarzrotgold ist oder was es mit dem türkischen Halbmond auf sich hat.

Je eingehender man das Alltagsleben betrachtet, desto mehr kommt einem spanisch vor: eine Redensart übrigens, die aus der Zeit des spanischen Königs und deutschen Kaisers Karl V. stammt; die Mode, die Gebräuche und die Glaubenshaltungen, die er im 16. Jahrhundert aus Spanien mitbrachte, waren den Deutschen und insbesondere den Protestanten fremd, verdächtig und unverständlich. Wie dieses Beispiel einer historisch gewachsenen Redensart veranschaulicht, scheint selbst in solchen Kleinigkeiten die Vergangenheit bis in unsere Tage durch. Die kaum noch erinnerten Erfahrungen von einst prägen die Gegenwart mit und formen unser Denken, Reden und Tun. «Das Heute geht beim Gestern in die Schule», erkannte schon vor 2000 Jahren der römische Dramatiker Publilius Syrus.

Redensarten, Sitten und Zeichen tragen, oft unbemerkt, Spuren einer manchmal jahrtausendealten Geschichte. Wer gebildet ist und sie zu lesen versteht, läßt sich kein X für ein U vormachen, nicht ins Bockshorn jagen oder verkohlen: Auch nutzlose Informationen können irgendwann hilfreich sein. Nebenbei macht solches Wissen die Sprache transparent, es gibt dem Alltag Tiefe und hilft sogar, die Welt besser zu verstehen. Da beißt die Maus keinen Faden ab.

Von A bis @

Wissen und Verstehen sind auf Sprache angewiesen. Angeblich sagt zwar ein Bild mehr als tausend Worte. Doch um zu begreifen, was es sagt, bedarf es doch wieder der Sprache. Eher stimmt deshalb das Gegenteil: Ein Wort sagt mehr als tausend Bilder. Der Verstand arbeitet sprachlich, und unser Wissen ist alphabetisch organisiert: Wer sich von A bis Z auskennt, weiß alles, wer über eine Sache lückenlos informiert sein will, muß sie von A bis Z erforschen, von Anfang bis Ende.

Mit ganzen vier Buchstaben, mit A, T, C und G, lassen sich alle Sequenzen des menschlichen Erbguts aus Adenin, Thymin, Cytosin und Guanin beschreiben, mit 26 die Welt. (Oder 30, wenn man die Umlaute ä, ö und ü sowie das ß dazuzählt.) Das Abc steht für das Ein und Alles: «Ich bin das A und das Z», müßte Gott sagen, wenn er sich des Deutschen befleißigt hätte, aber weil er in der Offenbarung des Johannes griechisch spricht, sagt er: «Ich bin das A und O, der Anfang und das Ende», denn das griechische Alphabet fängt mit dem Alpha an und endet mit dem Omega.

Von seinem christlichen Ursprung gelöst, wonach Gott das Zentrum des Glaubens bildet, bezeichnet das A und O allgemein den Kern einer Sache, ihr Wesentliches. Diese Auslegung überträgt die enge religiöse Bedeutung auf Angelegenheiten des Alltags und weicht damit um ein Jota vom ursprünglichen Sinn ab. Das Jota, geschrieben ι, ist der kleinste Buchstabe des griechischen Alphabets. Deshalb greift, wer nicht die geringste Abweichung duldet, zu der Redensart, daß man kein Jota ändern darf.

Im lateinischen Alphabet entspricht dem Jota das i, weshalb dem griechischen Winzling sinngemäß der noch kleinere i-Punkt korrespondiert: Wer etwas bis aufs i-Tüpfelchen erledigt, hat auch an die letzte Kleinigkeit gedacht. Was der i-Punkt unter den Buchstaben, sind die kleinen Kinder für die großen Erwachsenen: Deshalb nennt man Erstkläßler i-Dötze. Rheinländisch «Dotz» meint «Punkt» und ist mit dem englischen «dot» verwandt, der aus der Computersprache bekannt ist.

Schon seit dem 15. Jahrhundert lernt der Schulanfänger den

Ernst des Lebens als Abc-Schütze kennen. Dieser Ausdruck paßt zu der strengen Zucht und Ordnung, die früher im Unterricht herrschte, denn er kommt aus dem Militärwesen: Der Erfinder des Abc-Schützen hat offenbar «tiro», das lateinische Wort für den Neuling und Rekruten, mit dem italienischen «tirare» und dem französischen «tirer» zusammengebracht, welche beiden Verben «schießen» bedeuten.

Ein unschuldiges Kind als einen Rekruten mit dem Schießgewehr auszugeben, ist ein bißchen, als würde einem ein X für ein U vorgemacht. Was im deutschen Schriftbild ausgeschlossen scheint, war bei den Römern leicht möglich. Sie schrieben auch das U als V. Im Lateinischen spricht man das V wie ein W aus. U und W aber können ähnlich klingen; das englische W ist dafür ein modernes Beispiel, am Wortanfang ähnelt seine Aussprache einem U.

Das römische V war nicht nur ein Buchstabe, sondern auch das Zeichen für die Fünf, weil es den Umriß einer Hand mit gespreizten Fingern abbildet. Der Buchstabe X wiederum stand auch für die Zehn, gebildet aus zwei Händen. Der Kaufmann, der seinem Kunden ein X für ein U vormacht, berechnet ihm also doppelt so viel, wie er eigentlich zahlen muß. Vor allem im Wirtshaus mag das bei einem leseunkundigen Gast oder betrunkenen Zecher für eine gute Zusatzeinnahme gesorgt haben. Davon berichtet ein Vers aus dem 16. Jahrhundert, als vielerorts noch mit den römischen Zahlen gerechnet, das U noch als V geschrieben wurde und dieses mit zwei flinken Strichen zum X verlängert werden konnte: «Der wierte [Wirt] war ein gschwinder man, / Die kreid in sine Hand bald nam. / Er macht ein X wol für ein V [U], / Damit kam er der rechnung zu.»

Beim X und U muß man es genau nehmen. Doch so notwendig Genauigkeit ist, manchmal ist Unschärfe unvermeidlich. Dann tritt das eben noch unkorrekte X in seine legitimen Rechte: Ist der Zeitpunkt ungewiß, an dem etwas Entscheidendes geschehen wird, so spricht man von dem Tag X. Weiß man nicht, wann eine Sache begonnen hat, ist sie seit x Jahren üblich. Hat man etwas unzählige Male getan, so hat man es x-mal gemacht. Der geheimnisvolle Unbekannte heißt Mister X. Rätselhaften Kriminalfällen und anscheinend übernatürlichen Begebenheiten ist ihr mysteriöser X-Faktor gemeinsam. Desillusionierte junge Leute ohne Lebensziel bildeten jene bis dato unbekannte «Generation X» der zwischen 1960 und 1970 Geborenen, die Douglas Coupland 1991 in seinem Roman porträtierte. Die rätselhaften Wellen, die das Körpergewebe durchdringen, taufte Wilhelm Conrad Röntgen 1896 X-Strahlen, weshalb die im Deutschen später nach ihm benannten Röntgenstrahlen im Englischen bis heute «x-rays» heißen.

Hergenommen ist dieser mitnichten willkürliche, also keineswegs x-beliebige Sprachgebrauch aus der Algebra, wo das x das Zeichen für eine unbekannte Größe ist. Keine unbekannte Größe ist der Ursprung dieses mathematischen x: Die Araber, die die Algebra begründeten, sagten «schai» (Sache, unbekannte Rechengröße). Die italienischen Mathematiker der Renaissance übersetzen das mit «cosa» (Sache) und kürzten es «co» ab. Dieses Kürzel wurde so schwungvoll stilisiert, daß es einem x ähnelte.

Ein Buchstabenpaar liegt auch dem bekannten Computerzeichen @ zugrunde, das jede E-Mail-Adresse ziert. Es trennt den Namen des elektronischen Postfachinhabers (z. B. ein gewisser Meier) vom Namen des Servicerechners (z. B. T-Online), der die E-Post verwaltet: Meier@t-online.de hieße die Adresse beispielsweise. Zahlreich sind die meist komischen Namen, die man diesem Kringel in den verschiedenen Sprachen gibt: Deutsche nennen ihn Klammeraffe, Schwurbel, Rose. Franzosen sagen «petit escargot» (kleine Schnecke), Holländer dagegen sehen in ihm einen «apestaart», kurz «api» (Affenschwanz). Dänen erkennen einen «snabel», jiddisch sprechende Juden einen «shtrudel».

Im Englischen heißt das a mit Rüssel einfach «at», eine Präposition, die im Deutschen je nachdem «bei, in, um, zu» bedeuten kann. Dieses @, in einem Zug aus einem a mit darumgeschlungenem t gezeichnet, entstand bereits vor dem Computerzeitalter. Es kommt aus der Werbung, stand auf Reklametafeln und zeigte an, wo, wann oder zu welchem Preis es etwas gibt, beispielsweise: «1 beer @ 50 Cents». Das wäre gewiß ein billiges Angebot: Hauptsache, der moderne Wirt macht einem nicht hinterher ganz altmodisch ein X für ein U vor!

Nach Schema F aus dem Effeff

Man soll nicht alles über einen Kamm scheren, sondern nach dem Einzelfall entscheiden, persönliche Umstände berücksichtigen und eine individuelle Lösung finden – so jedenfalls sieht das Ideal aus. Dessen Gegenteil ist ein Arbeitsstil, wo nach der Schablone gedacht und gehandelt wird und es nach Schema F geht.

Dieser Ausdruck kommt aus dem Militärwesen. Er verdankt sich dem «Schema Front-Rapport», das seit 1861 beim preußischen Heer vorgeschrieben war. Das war nicht, wie das Wort vermuten läßt, ein Frontbericht im Krieg, sondern ein nach festgelegtem Muster zu erstattender Bestandsnachweis über die Mannschaftsstärke und Ausrüstung der Truppe. Solche und andere stur einzuhaltende Vorschriften lernte im Zuge der im 19. Jahrhundert eingeführten allgemeinen Wehrpflicht fast jeder Mann kennen. Nach seiner Entlassung mußte er obendrein erleben, daß es im bürgerlichen Leben ähnlich zuging: Als im wilhelminischen Obrigkeitsstaat auch die zivilen Beamten mit rigorosen, auf reibungslose Abwicklung, Abfertigung und Erledigung zielenden Praktiken die Bürger traktierten, verließ die nach dem Anfangsbuchstaben abgekürzte Redewendung vom Schema F den Kasernenhof, wurde typisch für die Arbeitsweise in den Amtsstuben und brandmarkt seither in den Augen der Bevölkerung jede unpersönliche, mechanische, nach starrem Muster erfolgende Vorgehensweise.

Nicht ihre Fälle nach Schema F erledigen und abfertigen, sondern ihr Metier aus dem Effeff beherrschen sollen die Juristen. Das wichtigste Lehrbuch ihres Berufes waren im Mittelalter und bis in die Neuzeit hinein die Pandekten: So nannte man die Auszüge aus den Werken antiker Rechtsgelehrter, die den Hauptteil jenes Sammelwerks namens Corpus iuris civilis bildeten, das im sechsten Jahrhundert im Auftrag des byzantinischen Kaisers Justinian erstellt worden war.

Das griechische Wort «Pandekten» bedeutet «alles enthaltend». Aus ihnen vermochte der Jurist in so ziemlich jedem Fall abzuleiten, was rechtmäßig war: Was mit einem Zitat aus den Pandekten belegt werden konnte, war begründet und sicher. Den Quellennachweis kürzte man mit dem griechischen Buchstaben P ab, dem π. Wenn man schnell schrieb oder es nicht genau nahm, rutschte der Querstrich leicht in die Mitte: Dann ähnelte das griechische π einem lateinischen ff. Juristen, die sich auf das Zitieren aus und Argumentieren nach den Pandekten verstanden, beherrschten daher ihre Sache aus dem Effeff, und je mehr Effeff sie einbauten, desto gelehrter wirkte ihr Text. In der von jedermann lesbaren lateinischen Schreibweise verließ der Ausdruck dann die Welt der Gerichtsbarkeit und drang in den allgemeinen Sprachschatz ein: Nicht nur Juristen, sondern jeder, der eine Sache besonders gut beherrscht, kann's deshalb aus dem Effeff. Ob das manchmal nicht aussieht wie nach Schema F?

Die heiligen drei Könige aus dem Märchenland

Goethe machte sich über sie lustig: «Die heilgen drei König' mit ihrem Stern, / Sie essen, sie trinken, und bezahlen nicht gern. / Die heilgen drei König' sind kommen allhier, / Es sind ihrer drei und nicht ihrer vier; / Und wenn zu den dreien der vierte wär, / So wär ein heilger drei König mehr.»

Goethe vor über zweihundert Jahren hatte allen Anlaß, sich durch Spottverse Luft zu machen. Heute pflegen den Brauch des Sternsingens nur die Kinder in Süddeutschland und Österreich, die in ihrer Nachbarschaft von Tür zu Tür eilen, für einen wohltätigen Zweck sammeln und am Ende vielleicht mit Kreide das Kürzel «C + M + B» an die Tür oder den Hauspfosten schreiben, was für Caspar, Melchior und Balthasar steht und zugleich «Christus mansionem benedicat», Christus segne das Haus, bedeutet. Noch zur Zeit Goethes aber zogen arbeitslose Handwerker und Tagelöhner mit ihren Familien übers Land, mimten die Weisen aus dem Morgenland und forderten Essen und Trinken ein. Andere Hungerleider und Spießgesellen ohne festen Wohnsitz werden sich ihnen angeschlossen haben.

Doch ob die Bettler Theater machen oder der Nachwuchs sein Kinderspiel aufführt: das Ganze ist Schau. Das trifft den Kern der Sache: Denn die heiligen drei Könige wurden nie heilig gesprochen, daß es drei waren, steht in der Bibel nicht, wohl aber, daß es Sterndeuter waren und nicht Könige.

Dessenungeachtet avancierte der 6. Januar zu einem wichtigen Kirchenfest und war vom 4. bis 14. Jahrhundert mancherorts als

Jahresanfang üblich. Die Bezeichnung «Groß-» oder «Hochneujahr» zeugt bis heute davon, und die «zwischen den Jahren» gelegenen Tage vom 25. Dezember bis zum 6. Januar überbrückten die Zeit vom eigentlichen christlichen Jahresende zu Weihnachten bis zum Beginn des neuen.

Gleich dreierlei gab es am 6. Januar nach dem Willen der Kirche zu feiern: die Ankunft der drei Weisen in Betlehem, die Taufe Jesu im Jordan und das Wunder zu Kana – alle drei zusammengefaßt als «Epiphanias», die Erscheinung der Göttlichkeit des Herrn.

Auf der Hochzeit zu Kana führte Jesus, indem er aus Wasser Wein machte, erstmals seine göttliche Begabung vor und begann seine wunderbare Laufbahn. Seine Auserwähltheit wurde jedoch schon vorher offenbar, bei der Taufe durch Johannes im Jordan. Da öffnete sich der Himmel, der Heilige Geist fuhr als Taube hernieder auf Jesus, und eine Stimme sprach von oben herab: «Dies ist mein lieber Sohn, an welchem ich mein Wohlgefallen habe.»

In den christlichen Ostkirchen bildet die Jordantaufe bis heute das Zentrum des Epiphanias-Festes. Anders im Westen, wo am 6. Januar die Geburt des Gottes Christi, zwei Wochen nach der Geburt des Menschen Jesus am 25. Dezember, im Mittelpunkt steht.

Indem die sogenannten Könige aus dem Morgenland das Jesuskind beschenkten, erkannten sie die göttliche Oberhoheit an: Gold war ein üblicher Tribut an den Herrscher, das wohlriechende Weihrauch traditionell als Gabe für die Gottkönige Ägyptens und Babyloniens in Gebrauch und seit alters ein Zubehör von Zeremonien und Mysterien, Myrrhe schließlich galt wegen ihrer schmerzlindernden Wirkung als Medizin und verweist auf Jesu heilsame Wundertätigkeit.

Bis diese Aktion auf der römisch-kirchlichen Tagesordnung des 6. Januar ganz oben stand, vergingen allerdings rund 1000 Jahre. Für Deutschland läßt sich der Beginn der Dreikönigsverehrung datieren: Im Jahr 1164 wurden ihre vermeintlichen Reliquien, die zuvor von einem nicht näher bestimmten Ort im Orient nach Konstantinopel und dann Mailand gelangt waren, nach Köln überführt, wo der Erzbischof und Reichskanzler Rainald von Dassel um ihre Gebeine herum den Dom erbauen ließ. Seither haben die drei Wandervögel, die schon zu Lebzeiten auf großer Tour waren und nach ihrem Tod noch viel weiter in der Welt herumkamen, endlich ihre Ruhe gefunden. Doch bis heute amtieren sie als Schutzpatrone der Reisenden, wovon Gasthausnamen wie «Stern» oder «Zum Mohren» künden.

Vielleicht hegte Rainald von Dassel den Hintergedanken, mit den königlichen Überresten jener Drei, die Gott als Herrn über sich akzeptierten, Kaiser und Fürsten an den Vorrang der Kirche zu erinnern. Auf jeden Fall aber halfen die drei Könige, den Anspruch des Christentums auf die Weltherrschaft zu untermauern.

Etwa im 9. Jahrhundert hatten die Mönche auf Athos ihnen Namen verpaßt und eine Herkunft angedichtet: Caspar, König von Tarsus (das liegt in Kleinasien); Balthasar, König von Scheba (das ist Saba); Melchior, König von Arabien. Obwohl sie alle aus Asien kamen, erhob man sie zu Repräsentanten der drei damals bekannten Erdteile und damit der Welt. Um den Anspruch des Christentums auf die ganze Menschheit weiter abzusichern, machte man sie auch zu Vertretern der drei Menschenrassen, wobei Balthasar den schwarzen Peter zog, weil er aus dem Jemen kam, wo unter der arabischen Bevölkerung auch Schwarze leben. Wahrscheinlicher ist, daß alle drei mehr oder weniger weiß waren. (Im volkstümlichen Dreikönigsspiel, das sich nicht eng an die Überlieferung halten muß, kann manchmal auch Melchior und muß oft Kaspar den Mohr spielen.) Außerdem ordnete man ihnen die drei Menschenalter zu, wobei diesmal Melchior den kürzesten zog und zum unreifen Kind zurückgestuft wurde; es liegt aber nahe, daß sie alle drei im besten Mannesalter standen.

Die Dreizahl klingt immer gut, aber in Wahrheit wird die Zahl der hohen Besucher im Neuen Testament nicht genannt. Man erschloß sie aus den dreierlei Gaben, und weil es teure Geschenke waren, sollten es Könige sein. Glaubt man jedoch dem biblischen Wortlaut, so handelt es sich um Magier, um Sterndeuter. «Magier» hießen die Priester in Persien und Babylonien. Zu deren Geschäften gehörten Traumdeutung und Astrologie. Vom Traumlesen erzählt das alttestamentliche Buch Daniel. Um die Zeichen am Himmel geht es im Neuen Testament, das erzählt, wie die drei Sternenleser nach Palästina zogen. «Der Stern ging vor ihnen hin», schreibt der Evangelist Matthäus.

Als Komet mit langem Schweif wurde der Stern von Betlehem sogar zu einem Weihnachtssymbol. Indes kündigten Kometen nach damaligem Glauben nicht die Geburt eines Herrschers an, sondern Katastrophen – verständlicherweise, denn sie können die Erde treffen.

Etwas wahrscheinlicher wäre eine Nova, ein plötzlich am Himmel für kurze Zeit aufleuchtender Stern. Chinesischen und koreanischen Aufzeichnungen zufolge flammte im Frühling des Jahres 5 v. Chr. ein solcher Stern am Südosthimmel auf und blieb wochenlang sichtbar. Es ist aber zweifelhaft, ob er im Mittelmeerraum zu erblicken war, und wenn doch, hätten die drei Astrologen ostwärts ziehen müssen, in die falsche Richtung.

In Frage kommt deshalb nur eine Konjunktion von Planeten. Zwar ist ein solches Zusammentreffen der Wandelsterne in einem Tierkreiszeichen keine ungewöhnliche Erscheinung und würde weder eine hohe Geburt anzeigen noch überhaupt für Aufsehen sorgen. Doch es gibt eine Ausnahme: Der Stern des Göttervaters Jupiter war gut genug für allerhöchste Prophezeiungen. Besonders starken Einfluß hatte er, wenn er im Osten aufging, und noch stärkeren, wenn er in Konjunktion mit dem Mond stand. Beides erfüllte sich im April des Jahres 6 v. Chr.: Der Jupiter ging im Sternbild Widder am östlichen Himmel auf, der Mond zog vor ihm vorbei, und sogar der Saturn, der die ältere, dem Jupiter vorangegangene Göttergeneration repräsentierte, stand im selben Himmelsareal. Das waren gute Voraussetzungen für eine Königsgeburt. Zwar bewegte sich der Jupiter zunächst ostwärts aus dem Sternbild heraus. Doch dann passierte etwas, was bis heute jeden Laien verblüfft: Der Jupiter ging plötzlich rückwärts. Er kehrte seine Richtung um – zog also nach Westen, gen Betlehem – und blieb schließlich stehen, «stand oben über», wie Matthäus sagt. Dann wanderte er wieder nach Osten weiter. In der Astronomie ist dieses Phänomen bekannt: Wenn die Erde auf ihrer Umlaufbahn einen sonnenferneren und deshalb scheinbar langsameren Planeten überholt, erscheint dessen Bewegung für rund drei Monate rückläufig. (Am besten läßt man sich dieses erstaunliche Phänomen im Planetarium zeigen.)

Der Zeitraum, in dem der Jupiter scheinbar stehenblieb, lag im Herbst des Jahres 6 v. Chr. Ein 6. Januar war es kaum, und Matthäus erwähnt dieses Datum auch nicht. Es scheint, daß es aufs antike Ägypten zurückgeht.

In Alexandria feierte im zweiten Jahrhundert eine Christengemeinde an diesem Tag Jesu Geburtstag. (Das Konzil von Nicäa

325, das ihn auf den 25. Dezemeber legte, war noch fern.) Wie so oft, kopierten die Christen ein heidnisches Fest: In der Nacht vom 5. auf den 6. Januar zelebrierte eine heidnische Sekte die Geburt des Aion, des Gottes der Zeit, der Ewigkeit und des wiederkehrenden Lebens, aus den Lenden einer Jungfrau «Kore» (das war eigentlich der Beiname der griechischen Unterwelt- und Vegetationsgottheit Persephone). Dieser Geburts- und Auferstehungskult, in dem sich das ewige Werden und Vergehen der Natur spiegelt, ließ sich mit einigem Mutwillen ebenso auf Jesus übertragen wie jenes Mysterium, wonach bei der Geburt des Aion Wasser in Wein verzaubert würde: Deshalb mußte Jesus auch sein Weinwunder zu Kana an einem 6. Januar vollbracht haben. Ob und wann es wirklich stattfand, steht aber dahin.

Bewiesen ist also von Matthäus' märchenhaftem Bericht so gut wie nichts. Nicht einmal die Sache mit dem Stern besagt etwas. Ungewöhnliche Planetenkonstellationen gibt es immer wieder, und zu jeder könnte ein phantasievoller Erzähler sich eine schöne Geschichte einfallen lassen.

Matthäus hat seine jedenfalls gut erfunden, und folgende Generationen haben die Geschichte kräftig ausgeschmückt: Wie sehr in den seither verflossenen zweitausend Jahren im Brauchtum um die nicht heiligen angeblich drei niemals Könige Gewesenen am heidnischen 6. Januar die Phantasie die Wirklichkeit ersetzte, ist schon komisch.

Unser Götterhimmel

«Du bekommst einen Euro», sagt der Vater zum Sohn, «wenn du eine Frage beantworten kannst.» «Frag!» «Wie viele Sterne gibt es am Himmel?» «254 Milliarden 678 Millionen 931 Tausend 407.» «Woher weißt du das?» staunt der Vater. «Das ist schon die zweite Frage», sagt der Sohn. «Den Euro bitte.»

Maximal sechstausend Sterne sieht man mit bloßem Auge. Ihre tatsächlich weit höhere Zahl kennt niemand genau. Längst geben die Astronomen ihnen keine richtigen Namen mehr, sondern lediglich eine Kennziffer. In der Antike aber benannte man die wichtigsten Himmelskörper nach den Göttern. Den Anfang machte die Priesterschaft im Zweistromland zwischen Euphrat und Tigris, die im 3. Jahrtausend v. Chr. neben Sonne und Mond fünf bewegliche Himmelskörper am sonst scheinbar starren Firmament ausmachte: die Wandelsterne. Vertrauter sind sie uns unter dem aus dem Griechischen stammenden und dann lateinisch geformten Begriff: als Planeten, von griechisch «planes», was «umherschweifend» bedeutet.

Im Namen jedes dieser fünf Planeten ist der Dreisprung vom Mittleren Osten über Griechenland nach Rom bis heute nachweisbar. Die mesopotamischen Priester sprachen beispielsweise vom «Stern des Nergal». Die antiken Griechen identifizierten den babylonischen Nergal, den Herrn des Totenreichs, mit ihrem Kriegsgott Ares und gingen später dazu über, Gestirn und Gottheit in eins zu setzen: Deshalb hieß der Himmelskörper bei ihnen kurz «Ares». Die Römer übersetzen den Ares in ihre Welt, und seither heißt der Planet «Mars».

Analog wurden die anderen vier Planeten benannt. Babylons Götterkönig Marduk entsprach Griechenlands Göttervater Zeus; dessen römisches Pendant war Jupiter. Dieser Name bedeutet eigentlich «junger Vater», und wie Zeus war Jupiter nur der Boß der jüngsten Göttergeneration. Zeus' eigener Vater war Kronos; den setzten die Römer, die überhaupt ihre Götterwelt nach dem griechischen Muster zurechtmodelten, ihrem alten Erntegott Saturn gleich (dessen Name mit der deutschen «Saat» urverwandt ist). Auch das harmonierte mit der Vorlage, denn in Babylonien war der Planet Saturn dem Ackerbaugott Ninurta zugeteilt. Den Morgen- und Abendstern ordnete man, passend zu den Tageszeiten, in denen der Mensch im Bett liegt, und sich der Geschlechtstrieb besonders regt, der Liebesgöttin zu, der babylonischen Ischtar, griechischen Aphrodite und lateinischen Venus. Stets besonders schnell unterwegs war von Amts wegen der Götterbote und Schutzherr der Reisenden: der mesopotamische Nabu (was wörtlich «Herold» heißt), der griechische Hermes oder, weil die praktischen Römer jemanden bevorzugten, der statt höherer Botschaften handfeste Waren abliefert, der Gott des Handels: Merkur. Als sonnennächster Planet umrundet er das Zentralgestirn in der Tat am hurtigsten.

Von der Sonne aus gesehen, stößt man hinter den Göttern Merkur, Venus und Mars auf ihren Vater Jupiter bzw. Zeus, hinter ihm wiederum auf ihren Großvater Saturn alias Kronos. Die Reihe der in der Antike bekannten Wandelsterne ist damit zuende, doch bedienten sich auch die Astronomen der Neuzeit bei der Namenstaufe der neuentdeckten Planeten bei der alten Mythologie. Deshalb folgt auf Göttervater Jupiter und Götteropa Saturn der Uranus (griechisch «Uranos», was deutsch «Himmel» bedeutet); als Vater des Kronos ist er der Ahnherr des griechischen Göttergeschlechts. Für die noch weiter außerhalb um die Sonne kreisenden Planeten zog man, da die Stammtafel nicht weiter zurückreicht, die Brüder von Zeus alias Jupiter heran: den Meergott Neptun (griechisch: Poseidon) und den Unterweltgott Pluto (griechisch: Pluton, auch mit Hades identifiziert; der ist eigentlich der Herr des Schattenreichs, nicht dieses Reich selbst).

Auch bei der Benennung der Trabanten hielt man sich an das bekannte Muster. Die 1877 entdeckten Marsmonde heißen nach den beiden Söhnen des griechischen Kriegsgottes, Deimos (auf deutsch: «Furcht») und Phobos («Schrecken»). Genauso treffend bekam der 1978 entdeckte Plutobegleiter seinen Namen: Er heißt «Charon» wie der Fährmann, der die Schatten der Toten über den Styx (oder Acheron) ins Totenreich des Hades setzt.

Das ganze Sonnensystem ist von den alten Göttern bevölkert. Lediglich Sonne, Mond und Erde tragen keine antiken Namen. Aber auch ihnen ist im Mythos eine Rolle zugedacht. Die Erde, griechisch «Gaia», galt den Griechen als Gemahlin des Uranos, des personifizierten Himmels. Die römische Luna (griechisch: Selene) war den Mesopotamiern als Mondgott (sumerisch Nanna, babylonisch Sin) wert und teuer. Im Unterschied zur gnadenlos sengenden Sonne war er, der für nächtliche Abkühlung sorgte und den Morgentau hervorzauberte, ein milder und hilfsbereiter Vegetationsgott. Streng und furchtbar war dagegen der Sonnengott, sumerisch Utu, babylonisch Schamasch. Da dieser gewaltige HErr mit seinem hellen Licht alles sieht, was bei seiner täglichen Fahrt über die Erde geschieht, wurde er zum obersten Richter: Eine heidnische Vorstellung, die Juden, Christen und Moslems nicht unbekannt sein dürfte.

Der Mann im Mond

In den «Früchten des Nachdenkens» von Kosma Prutkov findet sich diese skurrile Notiz: «Wenn man dich fragt, was ist nützlicher: Sonne oder Mond? dann antworte: der Mond. Denn die Sonne scheint am Tag, wenn es ohnehin hell ist, der Mond jedoch in der Nacht.»

Ein Haken an diesem Zitat ist, daß es einen Kosma Prutkov niemals gab: Es handelt sich um die vor 150 Jahren von Alexej Tolstoj und den Brüdern Alexej und Wladimir Schemtschuschnikov erfundene und bei den Russen bis heute populäre Gestalt eines braven Direktors des Eichamts, der ein Dichter sein will, aber bloß komischen Murks zustandebringt. Dieser Quark aber, und das macht die Parodie auf das Dilettantentum zum Vergnügen, schillert in allen Farben vom Nonsens bis zur Satire. Sogar ironische Weisheit steckt in dem scheinbaren Quatsch.

Eines läßt das Zitat ganz im Ernst spüren: daß der Mond ein ziemlich komischer Himmelskörper ist. Vom selben Kaliber sind denn auch die Redensarten mit ihm. Selbst wer jemanden auf den Mond schießen, also weit weg haben will, läßt in seinem Ärger eine Prise Humor spüren, und der Mann im Mond, dem das tatsächlich passiert sein muß, wird nicht ernsthaft bedauert. Er soll, weil er den Ostertag durch Arbeit entweiht habe, oder wegen Hartherzigkeit an diesen besonders kalten Ort verwünscht worden sein, oder er habe als Dieb seine Unschuld beteuert mit den Worten: «Dann will ich bis zum jüngsten Tag im Mond sitzen.»

Vermutlich sollten diese alten Legenden auf poetische Weise die dunklen Mondflecken erklären. Im 19. Jahrhundert, als man wußte, daß es sich um Mare handelt, um Tiefebenen, veralberten die Mädchen die alte Mythe: «Lieber Mond, ich bete dich an. / Du hast keine Frau und ich keinen Mann. / Wenn du nur so denkst wie ich, / So komm herab und küsse mich.»

So genau frau auch hinschaut, es gibt dort oben keinen Mann zu entdecken: Wer in den Mond guckt, hat das Nachsehen und geht leer aus. Anders gesagt, man guckt in die Röhre: Nicht in die Braunsche des guten alten Dampffernsehens, sondern ins Fernrohr, durch das der Astronom schaut und oft genug – nichts sieht.

Doch der Blick zur Mondscheibe, um auch ein ernstes Wort zu sagen, hatte tatsächlich einmal seinen guten Sinn und praktischen Nutzen, weil der Priester an den Mondphasen den Kalender ausrichtete. Schon der Mondkalender ist allerdings eine ungenaue Angelegenheit; vollends absurd aber ist es, wenn die Uhr nach dem Mond geht: Anders als die Sonnenuhr könnte ein solches Chronometer nicht einmal die Tagesstunden anzeigen und wäre völlig unbrauchbar. Schlechter dran ist nur noch, wer hinter dem Mond lebt, dessen Rückseite sich nie zur Erde wendet, weshalb man überhaupt nichts mitkriegt.

Seine Vorderseite, ob voll oder nicht, aber muß sich viel gefallen lassen. Ist bei einer Frau zunehmender Mond, so ist sie schwanger. Geht der Mond bei einem Mann auf, so bedeutet das: Er kriegt eine Glatze. Jemand mit einem glatten, runden Gesicht hat ein Mondgesicht und gilt, weil sein Antlitz ausdruckslos wirkt wie die unbewegte Scheibe des Erdtrabanten, als ein bißchen dumm. Das kann sich als Vorurteil erweisen, doch wer sich immerzu blöd anstellt, ist sogar ein Mondkalb: So nannte man die Mißgeburt der Kuh, für die man den Mond verantwortlich machte – vielleicht wegen der Parallele von Mondzyklus und Periode.

Das Mondkalb ist einfältig, hilflos, tappt ziellos herum und leistet sich einen Ausrutscher nach dem anderen. Ein solcher kann aber selbst den Besten passieren, auch den Dichtern und Denkern. «Der Mond ist aufgegangen», heißt ein schönes Gedicht von Matthias Claudius. In der dritten Strophe glitt der sonst so meisterliche Wandsbeker Bote aus: «Seht ihr den Mond dort stehen? / Er ist nur halb zu sehen / Und ist doch rund und schön.»

Die fünfte Jahreszeit

Der Vorfrühling ist eine triste Zeit. Die Landschaft ist karg, die Witterung kühl, die Stimmung trübe. Doch genau dann finden seit Menschengedenken die ausgelassensten Feste statt: Die Juden feiern im Februar oder März seit alters das Purim, die Griechen ergingen sich in Orgien zu Ehren ihres Wein- und Fruchtbarkeitsgottes Dionysos, die Germanen veranstalteten einen fröhlichen Umzug für ihre Erdgöttin Nerthus, und heute – feiert man in vielen Ländern Karneval: in der Karibik wie in Moldawien, auf Zypern ebenso wie in Thailand, und natürlich auch im deutschsprachigen Raum: als rheinischer Karneval, alemannische Fasnet, fränkische Fosnat oder bayerisch-österreichischer Fasching.

An Mummenschanz und Umzügen, Musik, Tanz und Trunk hatten schon die Menschen in Mesopotamien vor über 4000 Jahren ihre Lust. Einmal im Jahr begingen sie den Kult ihrer Fruchtbarkeitsgöttin Ischtar, bei dem sich Männer als Frauen schminkten,

Frauen sich als Krieger kleideten und im Anschluß an eine Prozession ein Volksfest stand, bei dem das Bier floß. Wenigstens einmal im Jahr, so legt der Blick auf die Kulturgeschichte der Menschheit nahe, muß der Homo sapiens das Zaumzeug von Vernunft und Disziplin ablegen: Dann ist es Zeit zum seelischen Frühjahrsputz.

Doch so altertümlich und allgemeinmenschlich das bunte Treiben scheint – der Karneval selbst entstand erst im Mittelalter. Sein Ursprung liegt im kirchlichen Fastengebot. Um 600 n. Chr. hatte Papst Gregor der Große verfügt, daß ein Christ in Anlehnung an Jesu Aufenthalt in der Wüste 40 Tage vor Ostern fasten müsse: «Und da er vierzig Tage und vierzig Nächte gefastet hatte, hungerte ihn», heißt es im Matthäusevangelium (Kapitel 4, Vers 2); daran sollte sich die Christenheit ein Beispiel nehmen. 1091 legte das Konzil von Benevent den Aschermittwoch als Beginn der Fastenperiode fest. Das war geschickt, denn so machte die Kirche angesichts der in dieser Jahreszeit ohnehin zur Neige gehenden Wintervorräte aus der Not eine Tugend und deutete das Darben gottgefällig um.

Daß Karneval, Fastnacht, Fasching erst im Mittelalter entstanden sind, legt nicht nur ihr christlicher Hintergrund nahe. Auch ihre Namen bezeugen es, die alle um 1200 entstanden sind. «Karneval» rührt vom mailändischen «carnelevale» her, was auf das Lateinwort «carnelevare» zurückgeht. «Caro» ist «Fleisch» und «levare» ist «Wegnahme»: Der Name bezieht sich also auf die dem Fest folgende Fastenzeit, genau wie der Name «Fastnacht», der den Tag vor Aschermittwoch bezeichnet. Die alemannische «Fasnet» und die fränkische «Fosnat» sind mundartliche Varianten der «Fastnacht». Bayern und Österreicher aber sagen «Fasching»: Das geht auf den «vastschanc» zurück, den Ausschank des als Fastentrunk gebrauten, als Lebensmittel in der kargen Zeit dienenden Starkbiers.

Ursprünglich war die Fastnacht nur der Abend vor Aschermittwoch, und ein großes Festessen, bei dem die weltlichen oder geistlichen Herren ihre Bedienten bewirteten, war wohl der älteste Fastnachtsbrauch. Dann, mit der Entstehung der Städte im Hochmittelalter, traten öffentliche Lustbarkeiten hinzu: Adel und städtisches Patriziat organisierten Turnierspiele, das Volk ergötzte sich am Mummentreiben. Nicht selten gab es, wenn die Masse außer Rand und Band war, Mord und Totschlag. In Basel kam es 1376 zu einem blutigen Zusammenstoß der Bürgerschaft mit den Rittern, die die Frauen der braven Städter provoziert hatten; vier Edelleute wurden getötet, die anderen zur Stadt hinausgetrieben. Dafür verhängte Kaiser Karl IV. die Reichsacht über Basel, zwölf Bürger mußten mit ihrem Kopf für den Aufruhr büßen. Ein anderer Zwischenfall passierte im preußischen Thorn: Dort erschlug 1440 ein Bauer, dem die städischen Fastnachtsbräuche unbekannt waren, einen wilden Mann im Teufelskostüm, weil er ihn für den leibhaftigen Gottseibeiuns hielt.

Angesichts solcher Ausschreitungen zwang die Obrigkeit die Fastnachtsfeiern weg von der Straße in die Zunfthäuser und Gastwirtschaften, wo man schmauste und Bühnenstücke aufführte – die Nürnberger Fastnachtsspiele des 15. und 16. Jahrhunderts legen davon Zeugnis ab. Hans Sachs hat viel zu diesem Genre beigesteuert. In der Regel schloß der um die öffentliche Ruhe besorgte «Schuhmacher und Poet dazu» seine Fastnachtsdramen mit der Aufforderung, sich zu vertragen. Auch bei der Zecherei in den Gastwirtschaften kam es nämlich immer wieder zu Händeln. Deshalb schränkten Stadt und Staat auch diese halböffentlichen Feiern ein und verboten sie mancherorts ganz.

Die Fastnacht konnte dann nur mehr in den eigenen vier Wänden stattfinden; für die herrschenden Kreise brachte das sogar eine Verfeinerung ihrer Lebensart mit sich. Im Barock pflegte man daher, nach dem Vorbild der damaligen Vergnügungsmetropole Venedig, prunkvolle Kostümfeste an den Höfen; damals hielt das Wort «Carneval» Einzug in Deutschland. Im 18. Jahrhundert kopierte das Bürgertum diese Redouten. Von hier stammt die auf die Faschingszeit konzentrierte Ballkultur Münchens und vor allem Wiens: Der weltberühmte Wiener Opernball ist der Höhepunkt der österreichischen Faschingssaison. Daß dabei die Tradition der Maskierung weitgehend verloren ging, hat wahrscheinlich den Grund in den strengen Regeln zur Zeit Kaiserin Maria Theresias und Kaiser Josephs II. Schon wer mit einer «Larve», einer Gesichtsmaske, die Straße betrat, um zu einem Ball zu gehen, riskierte, ohne Rücksicht auf seinen gesellschaftlichen Stand auf die Wache geschleppt zu werden. Wer aber bis zum Ballsaal vorgedrungen war, mußte damit rechnen, abgewiesen zu werden, wenn seine Verkleidung nicht «ehrbar» war – eine Kostümierung als Fledermaus war beispielsweise unzulässig. War das Gewand aber ehrbar, so konnte es immer noch zu weit sein, so daß man eine Waffe hätte einschmuggeln können – auch dann durfte man nicht eingelassen werden. Da war es schon am einfachsten, auf Maskerade ganz zu verzichten.

Die Ballkultur war eine gepflegte Sache der besseren Stände. Doch um 1800 entdeckten Dichter und Gelehrte die Volkskultur wieder. Sie begeisterten sich für die Lieder und Bräuche der einfachen Leute, für das Altdeutsche und das Mittelalter. Damit läuteten sie nicht nur in Wissenschaft und Kunst das Zeitalter der Romantik ein – am Ende stand auch eine Wiederbelebung älterer Formen des Karnevals, der Tradition von Mummenschanz und Umzug. Im Rheinland schließlich verschmolz Altes und Neues: Die heute dominierende Form des Karnevals mit der Mischung aus Sitzung, Straßenumzug und Ball bzw. Kneipenfest entwickelte sich in den 1820er Jahren in Köln, setzte sich in den 1840ern flächendeckend im Rheinland bis nach Aachen und Ostbelgien durch und strahlte bis ins alemannische Gebiet aus, wo es um 1900 «Carneval», nicht «Fasnet» hieß.

Dieser «Carneval» war hauptsächlich eine Veranstaltung des Bürgertums. Daher belebten die Angehörigen der unteren Schichten den alemannischen Mummenputz wieder. In den 1920er Jahren fand man dann auch den werbewirksamen Namen dafür, eben «Fasnet». In den letzten Jahrzehnten wurde auch sie von Brauchtumspflegern und Tourismusexperten zum überregional bekannten Markenartikel entwickelt. Sogar international ein Begriff ist der rheinische Karneval – nicht zuletzt dank deutscher Auswanderer, die ihn beispielsweise bis nach Namibia, nach Windhuk gebracht haben und ihn heute noch alljährlich feiern.

Karneval feiert man in Deutschland vor allem in den katholischen Gebieten und im gemischtkonfessionellen Südwesten, wo die Initiative zur Fastnacht freilich meist von den Katholiken ausging. Im protestantischen Norddeutschland dagegen starb der Karneval fast aus, weil die Reformatoren das Fastengebot aufhoben, womit der religiöse Hintergrund verlorenging. Er hielt sich nur in Exklaven wie in Stade an der Elbe oder dem thüringischen Wasungen, die beide auf jahrhundertealte Tradition zurückblikken; oder der Karneval wurde in Ortschaften wie das südoldenburgische Lastrup erst in den 1970er Jahren von Exilrheinländern importiert.

Martin Luther wetterte gegen «der Christen Bacchanalia»; die katholische Kirche aber machte sich das Fastnachtstreiben zunutze. Sie deutete die «fünfte Jahreszeit» als Symbol des Kampfes zwischen Christ und Antichrist, zwischen dem Reich Gottes und der vergänglichen irdischen Pracht – als Weltendrama, spielbar von jedermann auf den Plätzen und Gassen und mit dem Sieg des Guten zum Beschluß, symbolisiert im Verbrennen oder Beerdigen einer Fastnachtspuppe wie des Kölner «Nubbels» in der Nacht vom Fastnachtsdienstag auf Aschermittwoch: Dann wird das Böse zu Grabe getragen, und der Karnevalsspuk hat ein Ende.

Schon die Kostüme und Motivwagen mittelalterlicher Umzüge illustrierten die Sünde: Ein Glücksrad stand für die Spielleidenschaft, der Turm zu Babel versinnbildlichte die Hoffart. Frauen, um die Hinfälligkeit irdischer Schönheit vorzuführen, verkleideten sich als alte Weiber (woraus im 19. Jahrhundert die Hexen wurden), und überhaupt verwandelten sich die Leute in Dämonen und Teufel – Figuren, die um 1500 in der Gestalt des Narren zusammenflossen, der zum Inbegriff der menschlichen Unzulänglichkeit und Verblendung wurde: «Es sprach der Narr in seinem Herzen, es gibt keinen Gott», heißt es in einem Psalm. Das Narrenkostüm mit seinen Schellen, Spiegeln, Würfeln, Silberpfennigen, bunten Fetzen, Pflanzenmotiven und Tierdarstellungen ist das Gewand des an die irdischen Dinge und das eigene Wohlleben gefesselten Toren: Er ist «jeck», was von «Geck» kommt, dem Namen des gefallsüchtigen, eitlen Menschen, der sich selbst mehr liebt als Gott. «Sie sint des tüfels kint», des Teufels Kind, sagte deshalb Sebastian Brant 1494 in seiner Verssatire «Das Narrenschiff» von den Fastnachtsnarren.

Sündig und böse, das waren auch die vorchristlichen, heidnischen Bräuche. Der Kirche gelang es, Sitten, «welche die Heyden mit Gottlosigkeit zu einem aberglaubigen Gottes-Dienst gebraucheten, zum Gebrauch der Gottseligkeit anzuwenden», resümierte um 1600 der römische Kardinal Caesar Baronius. Fremde Zeremonien und Gestalten wurden in den Karneval integriert, und die Maskenaufzüge mögen denn auch in alten Frühlingsbräuchen und Fruchtbarkeitsriten wurzeln: Die erschröckliche Verkleidung und der Krach der Pfeifer und Trommler sollten die bösen Wintergeister vertreiben, lautstark und sichtbar den Frühling beschwören und das Korn aufwecken. Der «Federahannes» der Rottweiler Fasnet erinnert mit seinen Schneeflocken symbolisierenden Federn auf dem Mantel an den Winter, das «Gschell» mit seiner freundlichen Larve und dem bunten Narrenkleid mag den Sommer verkörpern, und der «Guller» in seinem Hahnenkostüm verweist vielleicht auf altes Fruchtbarkeitsbrauchtum. Anlaß, Zeitpunkt und äußerer Rahmen des Karnevals waren also christlich, einzelne Formen und Inhalte aber nicht unbedingt – wie beim Karneval in Rio, der seinen Reiz der Mischung aus dem Fest der christlichen Portugiesen und den heidnisch-afrikanischen Elementen der ehemaligen schwarzen Sklaven verdankt.

Ob der Karneval neben seinen römisch-katholischen auch römisch-heidnische Wurzeln hat, ist unklar. Noch am nächsten liegt die Verbindung zu den römischen Saturnalien. Sie wurden allerdings schon im Dezember gefeiert. Sie waren ein ausgelassenes Fest, an dem die Klassenschranken aufgehoben waren und die sozialen Beziehungen umgekehrt wurden. An diesem Tag tafelten die Herren gemeinsam mit den Sklaven oder bedienten sie sogar – was an die ältesten Fastnachtsbräuche des Mittelalters erinnert. Aber damit ist die Ähnlichkeit erschöpft, und eine andere Sitte bei den Saturnalien verweist eher auf Weihnachten: Mit dem Wunsch «bona saturnalia», sozusagen: frohe Saturnalien, überreichte man sich Geschenke.

Im Karneval ist die gewohnte Ordnung aufgehoben, das gilt bis heute. Schon die Redeweise von den «tollen» Tagen macht das sinnfällig, denn «toll» meint eigentlich: verwirrt, verrückt, verkehrt. Die Karnevalisten erstürmen das Rathaus, die Macht geht über auf die närrische Gegenregierung unter Seiner Tollität Prinz Karneval und seinem Kabinett, dem Elferrat. Unter der Narrenmaske sind die Standesunterschiede aufgehoben, und im Schutz der Anonymität darf man öffentlich die Obrigkeit verkasematuckeln – ob auf Motivwagen wie beim rheinischen Karneval, ob durch Bänkelsänger, die von Lokal zu Lokal ziehen, wie in Basel, oder durch Narren, die auf der Gasse Spottverse aufsagen, wie im schwäbischen Rottweil. Unmäßiges Essen und Trinken wird toleriert, die Normen vernünftiger Rede sind aufgehoben: «Humta humta tätärä!» und «Rucki zucki!» lauten die berühmten Mainzer Fastnachtsschlager.

Mit «helau!», wie eben in Mainz, was mit «holla» verwandt ist und vielleicht auch mit «hellauf» zu tun hat («Aber nun hell auf,

Freund Hassan! In ein Weinhaus zuerst!» läßt Friedrich Schiller seinen Fiesco zu Genua ausrufen) – mit «helau!» also und mit «alaaf!» wie in Köln (was wörtlich «all ab» hieße, ursprünglich «Platz da» bedeutete und heute «Es lebe hoch» meint) bricht sich der spontane oder auch bloß organisierte und kanalisierte Frohsinn für sechs Tage Bahn: sechs Tage vom «schmutzigen» oder «fetten» Donnerstag bis Fastnachtsdienstag, die das närrische Gegenbild zur göttlichen Schöpfungswoche verkörpern. Der siebte Tag ist der Aschermittwoch: in diesem Sinn der Tag des Herrn, an dem Er seine Herrschaft wieder aufrichtet. Dann zeichnet der katholische Pfarrer den Gläubigen ein Aschekreuz als Sinnbild der Vergänglichkeit auf die Stirn, und die Karnevalisten treffen sich, um die Fastenzeit zu beginnen, in den Gasthäusern zum traditionellen Heringsschmaus; eine Sitte, die sich bis ins tiefste Binnenland ausgebreitet hat und sogar in Wien gepflegt wird.

Dann sind die tollen Tage vorbei – außer in Basel und wenigen anderen Orten der Schweiz und des badischen Markgräflerlandes, wo der Karneval noch gar nicht begonnen hat. Dort beginnt er nämlich eine Woche später, am Montag nach Aschermittwoch. Wie erwähnt, hatte die Synode von Benevent im Jahr 1091 den Aschermittwoch als Beginn der Fastenperiode bestimmt. Damit war eine Neuerung verbunden: Fortan sollten die Sonntage als Tage des Gedenkens an Jesu Auferstehung vom Fastengebot ausgenommen sein. Damit verlängerte sich die Fastenperiode um eine Woche, und um diese Zeitspanne verschob sich folglich der Beginn der neuen Fastenzeit gegenüber der von Papst Gregor verfügten alten Regelung. Doch folgten nicht alle Gemeinden dieser Reform: Sie blieben bei der alten Regelung und feierten künftig die sogenannte «Alte Fastnacht», und die findet, wie in Basel, sieben Tage nach der regulären statt. (In manchen nichtkatholischen Ländern, die den Karneval als Kneipen- und Maskenfest kopieren und an keine kirchliche Tradition gebunden sind, findet er sogar erst im Mai – wie im dänischen Aalborg – oder im Hochsommer statt, so in St. Petersburg.)

Ob alte oder neue Fastnacht, ob Karneval, Fasnet, Fosnat oder Fasching: Wer sich richtig ausgetobt hat, sieht danach in seinem Katzenjammer die Vorteile der normalen Ordnung von selbst ein. So konnte die Kirche aus vielerlei Gründen den Karneval akzeptieren und brauchte auch nichts gegen den Kölner «geilen Montag» und späteren «Rosenmontag» zu unternehmen, der vermutlich nicht nur mit dem Verb «rasen», das heißt tollen, zu tun hat: Vielleicht hat er den Namen auch von jenem Kölner Karnevalskomitee, das seit 1824 am dritten Sonntag vor Ostern, dem «Rosensonntag», oder am darauffolgenden Montag seine Generalversammlung abhielt, weshalb die Gesellschaft im Volksmund «Rosenmontagsgesellschaft» hieß. Sie war es, die den großen Karnevalsumzug organisierte, den man bald «Rosenmontagszug» nannte. Entsprechend taufte man den Tag selbst: Rosenmontag.

Anders als heute war der rheinische Karneval vor 150 Jahren eine politische, fast subversive Angelegenheit. Die Regentschaften diverser Tollitäten verulkten die Monarchie, die Uniformen der Garde und ihr Narhalla-Marsch verhohnepipelten das Militär, und die Prunksitzung mit ihren Büttenreden bot das Zerrbild einer politischen Versammlung. Nicht nur Spott, auch Selbstironie und scherzhafte Nostalgie hatten ihren Platz: Beispielhaft ist das Dreigestirn des Kölner Karnevals, zu dem neben Prinz Karneval Seine Deftigkeit der Bauer und Ihre Lieblichkeit die Jungfrau gehören. Seit dem 16. Jahrhundert findet man diese beiden Figuren auf Stadtansichten als Wappenhalter; sie zierten Holzschnitte und Kupferstiche und galten als Repräsentanten der Freien Reichsstadt Köln. 1815 aber fiel Köln an Preußen und verlor seinen Status. Der Karneval bot die Chance, über diese zwei Gestalten, Bauer und Jungfrau, auf komische und der preußischen Regierung unverdächtige Art an Kölns alten Glanz zu erinnern.

Der heute durch Institutionalisierung, Reglementierung und Normierung oft einförmige und angepaßte Karneval war einmal eine phantasievolle, zuweilen anarchische Sache. Er regte die Sinne an und befruchtete auch Kunst und Kultur: Aus dem Kultlied des Dionysos, den Dithyramben, entwickelte sich das griechische Drama; die ersten deutschen Dramen waren Fastnachtsspiele; und aus dem Ländler und sogenannten «Deutschen Tanz» wurde einer der beliebtesten Gesellschaftstänze entwickelt, der Walzer, und zwar vor mehr als 200 Jahren in Wien, zur Faschingszeit.

Eine Welt voller Narren

Am Rosenmontag steht die Welt kopf. Professionelle Narren haben das Sagen, und wo sonst tierischer Ernst regiert, wird jetzt fanatisch Frohsinn ausgeübt. Die gewohnte Ordnung scheint umgestülpt.

Nicht nur den s-teifen Norddeutschen erscheint dieses närrische Treiben suspekt. Dabei verdankt die Welt gerade ihnen den populärsten Narren überhaupt: Till Eulenspiegel. Er war freilich von anderem Kaliber als die Karnevalsjecken und verulkte seine braven Mitbürger nach Lust und Laune, nicht nach dem Kalender und festem Ritual. Er bewahrte etwas davon, was Narren ursprünglich waren, wenn man der Wortgeschichte glauben darf: kritische Außenseiter.

Der «Narr» könnte nämlich vom lateinischen «nario» abstammen, dem «Naserümpfer», dem anscheinend einiges nicht paßte und der darüber zum «Spötter» wurde. Seiner Einbürgerung ins Deutsche behilflich waren wohl klang- und sinnähnliche Worte wie «nörgeln», «murren», «knurren» (dies in der Tat die alte Bedeutung des im 15. Jahrhundert entstandenen Verbs «narren» oder «nerren») sowie «schnarren», das einst «schwatzen» bedeuten konnte.

Spuren einer alten Aufsässigkeit haben sich im Fastnachtsnarren äußerlich erhalten, denn sein klassischer Aufzug zitiert die Kleidung der religiösen Obrigkeit: Die Schellen des Narren haben ihr Vorbild in den Glöckchen, die die jüdischen Hohenpriester und später die mittelalterlichen Päpste an ihrem Gewand trugen, um für gebührende Aufmerksamkeit zu sorgen.

Der Narr war jemand, der mit der Ordnung nicht einverstanden war. Wer sich in ihr eingerichtet hat, mag das verrückt finden: Vielleicht deshalb bevorzugten die adligen Herren, die seit dem 12. Jahrhundert Hofnarren an ihre Tafel holten, lange Zeit Schwachsinnige und Gestörte für dieses Amt.

Im 16. Jahrhundert, als Gelehrte, Künstler und Entdecker die Welt selbstbewußt zu bewältigen begannen, wurden die Ansprüche an einen Narren höher. Nicht mehr nur der schlechtweg denkunfähige Kretin galt als Narr, sondern derjenige Mensch, der von seinen Gaben nicht den richtigen Gebrauch macht, seinen Kopf falsch benutzt und unvernünftig handelt. Dieser Narr wurde die negative Leitidee des Jahrhunderts, die lehrte, wie man nicht sein sollte. Eine ganze Literaturbranche, die Schwankdichtung, lebte davon, eine Welt von Narren vorzuführen und von menschlichen Torheiten und Fehlern in unzähligen Geschichten mal lästernd, mal augenzwinkernd zu erzählen.

Seither legten auch die Fürsten Wert auf intelligentere Unterhaltung und ernannten sogar Wissenschaftler zu Hofnarren. Der Wittenberger Poet und Rhetorikprofessor Friedrich Taubmann (1565–1613) wurde als «kurzweiliger Rat» an den sächsischen Hof gerufen, und Jakob Paul Freiherr von Gundling, Staatsmann, Historiker und Präsident der Akademie der Wissenschaften, mußte beim strengen Preußenkönig Friedrich Wilhelm I. untertänigst für gute Laune sorgen – sogar noch als toter Mann: Weil Gundling über sein Narrenamt zum Säufer geworden war, ließ ihn der Monarch in einem Weinfaß begraben.

In der fürstlichen Besetzungsliste war der Hofnarr das Gegenstück zum weisen Berater. Wahrscheinlich gehörte es zu seiner Arbeitsplatzbeschreibung, in einer ernsten Besprechung plötzlich eine komische Bemerkung zu machen, so daß die seriöse Stimmung mit einem Schlag ins Lächerliche kippte. Heute gibt es dafür eine Redensart: «Das war Ernst, jetzt kommt August!»

Dieser «August» ist ein besonderer Fall, hat er doch höchstselbst den Umschlag vom Erhabenen ins Lächerliche vollzogen: Lateinisch «augustus» bedeutet «der Erhabene» und war seit Octavian (27 v. Chr.–14 n. Chr.), der sich diesen Titel zulegte, Beiname aller römischen Kaiser – und lebt heute nur als dummer und also komischer August fort.

Mit dem «Kasper», wie die Hauptfigur im Puppenspiel heißt, hat es eine ähnliche Bewandtnis wie mit dem einst erhabenen August: «Caspar» war einer der drei Weisen aus dem Morgenland, wurde in Dreikönigsspielen meist als Mohr präsentiert (obwohl ursprünglich seinem Kollegen Balthasar diese Rolle zugedacht war) und später, weil ein Abweichler von der Norm lachen macht, zur lustigen Bühnenfigur; Ende des 18. Jahrhunderts rückte er im Wiener Theater an die Stelle des sogenannten Hanswurst und siedelte dann ins Puppenspiel über.

Der «Hanswurst» war zuerst ein Schimpfwort für den Fettwanst, der einer gestopften Wurst ähnelt. Aber Gefräßigkeit reizt zum Lachen, auch haben Dicke meist gutmütigen Humor (anders als hagere Weltverbesserer); deshalb war es ein kleiner Schritt vom Scheltwort im Alltag zum Lustigmacher auf der Bühne, und das blieb der Hanswurst bis ins 18. Jahrhundert. Noch Goethe begann 1775 ein Volksstück «Hanswursts Hochzeit oder Der Lauf der Welt», kam aber über ein paar Verse und die riesige Personenliste mit Namen wie «Hans Arsch von Rippach», «Stinckwitz Kammerdiener» und «Ursel mit dem kalten Loch Tante» nicht hinaus.

Heute delektieren sich manche Gemüter am Harlekin, dem Hanswurst der Commedia dell'arte, oder am Clown. Letzterer hat seinen Namen von lateinisch «colonus», dem Siedler, dem Bauern. Der Städter hält den Landmann für geistig unbedarft: Entsprechend markierte der Clown den Bauerntölpel im englischen Theater und wurde später in den Zirkus verbannt. Auch der Harlekin kommt aus England: «Herela cyning», später «Herle king», auf deutsch der «Heereskönig», war ein altenglischer Beiname Wotans als Anführer der Wilden Schar, bezeichnete dann einen lustigen Teufel und kam so in Frankreich und Italien zum Spaß auf die Bühne.

Der Clown, der Harlekin, der Hanswurst, der August, der Kasper und der Narr, sie stehen in einer langen Tradition, die bis ins Altertum zurückreicht, wo sie als «scurrae» (Possenreißer, aber auch Parasiten) für Belustigung bei den Gastmählern der Reichen sorgen mußten. Sieht man von Gestalten wie Eulenspiegel ab, der ein Narr auf eigene Hand war, so spielt der Narr immer eine Rolle, die ihm die anderen aufdrängen oder zugestehen. Ganz besonders gilt das für den Karnevalsnarren von heute, der nur einer ist, wo und wann er darf. Er hält sich an die Norm und folgt dem Stereotyp, wie im sonstigen Leben. Er ist kein Narr auf eigenes Risiko, sondern ein Herdenwesen, wie sonst auch. Er kehrt die Ordnung nicht um. Er ist ihre Stütze.

Der Kiki mit dem Spleen

Je gescheiter die Lebewesen sind, desto mehr streben sie danach, die Grenzen eines zweckgebundenen Daseins zu verlassen. Schon Säugetiere spielen, und der Mensch, die Krone der Schöpfung, kann sogar Unsinn treiben. «Schön sind Schulen *höh're* Töchter / Und die *höh're* Rechenkunst, / Schön die *höh're* Kunst der Fechter, / *Höh'rer* Mimik Zauberkunst, / Schön die *höhere* Karriere – / Höher als sie alle noch, / Frei vom Urgesetz der Schwere / Schwebst du, *höh'rer* Blödsinn, doch!»

1879 hatte Ludwig Eichrodt dieses Lob des komischen Unsinns angestimmt. Nonsensdichtung hat in Deutschland eine jahrhundertealte Tradition. Als deren wahre Heimat gilt jedoch England, das schon im Mittelalter als «Heimat von Individualisten, Sonderlingen, auch Verrückten» bekannt war, wie die British Encyclopedia 1962 selbstbewußt konstatiert.

Engländer sind stolz auf ihre reiche Nonsenspoesie und auf ihren Spleen. Im Buchstabensinn bezeichnet dieses Wort die Milz (von lateinisch: splen); die übertragene Bedeutung verdankt es der Ansicht, Gemütsverstimmungen gingen auf eine Erkrankung der Milz zurück. Man kann es auch so sehen: Die Milz ist ein etwas rätselhaftes, ja spleeniges Organ ohne eindeutig bestimmbare, hervorstechende Aufgabe, dient aber auf feine Weise dem Zusammenspiel im Körper; in ähnlicher Weise trägt der Spleen als eine annehmbare Verrücktheit zum seelischen Gleichgewicht bei.

Was Engländer als Spleen gern haben, klingt im Deutschen abschätzig, wenn man es Macke (jiddisch für «Schlag, Fehler») oder Marotte (was mit «marode» zusammenhängt) nennt. Etwas besser kommt der «Tick» daher, der aus dem Französischen stammt, wo der «tic» zuerst ein Gliederzucken und dann eine wunderliche Gewohnheit bezeichnete; doch liegt im Deutschen, obwohl dieses Wort aus einer ganz anderen Ecke kommt, die Assoziation zu jemandem nahe, der nicht richtig tickt (dies nach der Uhr, die genau gehen muß, sonst taugt sie nichts).

Französischen Ursprungs ist auch das hübsche Unsinnswort «Kiki»: Es verballhornt französisch «chichi» und bürgerte sich nach 1960 im Deutschen ein. «Chichi» bedeutet eigentlich «Getue», und «faire du chichi» heißt, jemandem etwas weismachen wollen, also: ihn verkohlen. Dieser Kohl hat weder mit dem billigen Gemüse etwas zu tun noch mit jenem dicken Kanzler, dessen scheinbar schlichter Verstand in den 80er Jahren eine lange Witzwelle auslöste. Das Wort stammt vielmehr vom hebräischen «qol» (Stimme, Schall, Gerücht), das über jiddisch «kol» ins Rotwelsche eindrang: Der Gauner, der «Kohl machte», schwindelte seinem Opfer etwas vor. Ende des 18. Jahrhunderts ging dieser Kohl in die Studentensprache ein.

Ungeachtet solcher Herleitungen denkt jeder bei dem Wort unweigerlich an die Salatpflanze – nicht ganz zu Unrecht. Im rheinischen Dialekt nennt man den Kohl, weil er die Form eines Kopfes hat, «Kappes». Deshalb kann Unsinn außer Kohl auch Kappes sein: Viel drin ist in diesem Kopf nicht, und Wert hat er keinen.

Wer einen so beschaffenen Kopf auf den Schultern trägt, wird nichts Gescheites sagen; er wird, anders ausgedrückt, Blech reden. Blech ist aus Eisen oder Aluminium, wenig wert und nichts Solides – daher die gedankliche Verbindung zum Unsinn. Von der Antike bis in die Neuzeit hinein hätte man es umgekehrt gesehen: Blech (welches Wort ursprünglich das «Glänzende» bezeichnete und mit «blinken», «blecken» verwandt ist) war damals aus Gold; aus diesem Goldblech wurden die Münzen geschnitten. Das erklärt den Wortgebrauch von «Blech» im alten Gaunerjargon, wo es «Geld» bedeutete, und macht verständlich, warum «blechen», was über die Studenten in den allgemeinen Sprachschatz einging, «bezahlen» heißt.

Wer Blech redet, den nimmt man nicht für voll. Er ist ballaballa, also kindisch, unzurechnungsfähig. Der Ausdruck kommt aus der Kinderwelt: «Balla» nennen die Kleinen den Ball, und wer ballaballa ist, benimmt sich wie ein unmündiges Kind. «Vater doof, Mutter doof, Kind ballaballa», sagte man in den 50er Jahren, und in der Soldatensprache des Zweiten Weltkriegs nannte man einen beschränkten Kerl «Kamerad Ballaballa».

Ganz anders meinte es allerdings der Schlager der 60er Jahre: Wenn der Sänger «My baby, baby, balla, balla!» schmettert, so will er seine Liebste nicht beleidigen, sondern zum Tanz auffordern: italienisch «ballare» heißt tanzen. Und wenn sie nicht ballaballa sind, treiben sie danach allerlei Unsinn.

Warum der Osterhase Eier legt

Die einen glauben an das göttliche Mysterium der Auferstehung Jesu, andere denken eher an das weltlich-komische Wunder vom Eier legenden Osterhasen; alle aber, Erwachsene wie Schulkinder, freuen sich über ein verlängertes Wochenende. Doch wie mit allen Bräuchen, so selbstverständlich sie scheinen, ist es auch hier: Es könnte alles ganz anders sein.

Ostern wäre zum Beispiel, wie in grauer Vorzeit, ein bloßes Frühlingsfest und ähnelte vielleicht dem jahrtausendealten persisch-kurdischen Nourus. Ostern könnte mitten in der Woche stattfinden, wie bei den Juden. Der Ostertag selbst wird um Mitternacht mit Böllern und Knallfröschen begrüßt, wie es Russen tun, und die Kinder werden beschenkt – so halten es die Griechen. Der Pfarrer, wie es einst katholischer Brauch war, hält eine launige Predigt, um die Gemeinde zum «Osterlachen» zu veranlassen zum Zeichen der wiedererweckten Lebensfreude nach der Fastenzeit. Dann bringt, wie einst in Niedersachsen, der Fuchs die Eier. Später gibt es Volksbelustigungen wie den Eierlauf, bei dem die Kinder, wie früher in Nordhessen, ein Ei mit dem Kochlöffel über verschiedene Hindernisse ins Ziel tragen müssen; oder man ergötzt sich, wie noch heute in Polen, am «Smigus-dyngus», wo die Burschen die Mädchen mit Wasser bespritzen. Abends schließlich wird ein großes Osterfeuer angezündet – da passiert es: Der Brand gerät außer Kontrolle und äschert die ganze Ortschaft ein. Das widerfuhr 1559 dem Harzer Städtchen Hasselfelde.

Christen erblicken im Osterwunder den Beweis für Jesu Gottesnatur. Indes wirken etliche Osterbräuche wenig christlich. In der Tat schließt das Hauptfest der Christenheit an heidnische Kulte an, wonach auf den Tod der Natur im Winter ihre Auferstehung im Frühjahr folgt. Die Bewohner Mesopotamiens vor 4000 Jahren glaubten an eine 60tägige Fahrt ihrer Fruchtbarkeitsgöttin Ischtar ins Totenreich, während der die Vegetation erstirbt, um nach der Rückkehr aufs neue zu sprießen. Ähnlichen Mythen vom Kreislauf des Lebens werden viele Völker angehangen haben, auch die Germanen. Den Missionaren gelang es jedoch, die alte Naturverehrung dem neuen Christengott dienstbar zu machen: «Dem aus Grabesnacht / Auferstandnen Heiland huldigt die Natur», dichtete um 900 der Sankt Gallener Mönch Notker mit dem Beinamen «der Stammler» in seiner Osterhymne: «Und im frischen Grün / Preist die Erde den Erstandnen, / Die, als er starb, / Dumpf erbebend ihrem Einsturz nahe schien.»

Auf alte Frühjahrsbräuche mag auch der Name «Ostern» deuten, der von «Osten» abstammt und auf die Tagundnachtgleiche als Frühjahrsbeginn gemünzt sein könnte. Ebenso möglich ist aber eine christliche Namensgebung: Der Tagesanbruch gilt als Stunde von Christi Auferstehung, auch war es einst Sitte, am Ostermorgen die Neugeborenen eines Jahres mit Blick zum Sonnenaufgang vor der Kirche aufzustellen und zu taufen. Ostern war einst, neben Pfingsten, der einzige Tauftermin.

Im Mittelalter konkurrierte eine zweite Bezeichnung für das Osterfest, der Name «Pasche», und in der Grenzregion zu Holland sagt man heute noch «Posche» und «Pasken». Diese Wörter kommen vom jüdischen Pessach oder Passah, das die christliche Feier weit mehr prägte als das heidnische Erbe.

Wie Ostern das Urfest der Christen, ist Pessach das der Juden, die des Auszugs aus Ägypten gedenken und sich ihrer Stellung als Gottesvolk vergewissern. Das christliche «Osterlamm» – so nennt Paulus, sozusagen der Manager des Urchristentums, Jesus im ersten Korintherbrief – hat sein Vorbild im Pessachlamm: Als Gott die zehnte Plage, die Tötung der Erstgeborenen, über Ägypten brachte, gebot er den Hebräern, ihre Türen mit Lammblut zu bemalen, damit er ihre Häuser verschone. (Geht man in der Geschichte noch hinter die biblische Überlieferung zurück, so dürfte die eigentliche Herkunft des Osterlamms in einem Frühlingskult der Beduinen zu suchen sein, die ihrem Fruchtbarkeitsgott ein Tier aus der Schar der im Frühjahr geborenen Lämmer opferten.)

Die Hostie hat ihren Ursprung in der Matze, dem ungesäuerten Pessach-Brot; solche ohne Sauerteig gebackenen Fladen aß man im römisch-katholischen Mittelalter auch in Deutschland zu Ostern. Das christliche Abendmahl rührt vom jüdischen Seder her, dem Festessen am ersten Pessachabend – Jesus war schließlich selbst Jude, feierte Pessach und hielt in der ersten Nacht, unserem Gründonnerstag, das Seder mit seinen Jüngern.

Viele Urchristen feierten Ostern sogar zum selben Zeitpunkt wie Pessach: zum ersten Frühlingsvollmond. Der kann auf jeden Wochentag fallen; eigentlich muß Ostern aber an einem Sonntag stattfinden, weil Jesus an einem solchen auferstand. Deshalb erließ 325 n. Chr. das Konzil von Nicäa die bis heute gültige Regel: Ostern ist am ersten Sonntag nach dem ersten Frühlingsvollmond – eine komplizierte Formel, die die heidnische Wurzel und das jüdische Erbe aufnimmt und dafür sorgt, daß Ostern alljährlich auf einen anderen Tag zwischen dem 22. März und dem 25. April fällt.

Heidnische Mythen, jüdische Riten und christliche Vorstellungen fließen im Osterbrauchtum zusammen. Dafür ist auch der scherzhafte Kinderglaube an Osterei und Osterhase ein Beispiel, den Joachim Ringelnatz einst verulkte: «Und der Osterhase legt / (Bald sehr eitel, bald bewegt) / Rührei oder Spiegelei. / Schauerlich stöhnt er dabei.»

Bereits die Ägypter verehrten das Ei als Keimzelle des Lebens und Sinnbild der Fruchtbarkeit. Ähnlich dachten die Mesopotamier, nach ihrem Glauben schlüpfte Ischtar, die Göttin der Liebe und Fruchtbarkeit, aus einem Ei. «Omne vivum ex ovo», alles Leben kommt aus dem Ei, sagten die Römer, und die Kirche akzeptierte im fünften Jahrhundert das Ei als Symbol der Auferstehung. Bei den Juden gehört das Ei zu den traditionellen Pessachspeisen, und vielleicht nach diesem Vorbild erließ die Kirche im 12. Jahrhundert eine «benedictio ovorum», eine Eierverordnung, die alle Gläubigen anhielt, zu Ostern ein Ei zu verzehren: «Am Ostertage soll jeder Christ ein Ei essen», sagte die Kirche. Manche indes befolgten dieses Gebot zu eifrig: Ein Mönch, berichtete der Heidelberger Arzt Georg Franck 1682, hatte «zur österlichen Zeit ein rothes Ey gantz wollen hineinschlucken, es ist aber das Ey zu groß und sein Halß zu klein gewesen, daß er alsobald daran ersticket.»

Bemalte Eier schenkten sich zum Frühlingsfest schon die Perser; vielleicht sollten die Farben die endlich wieder bunt prangende Natur verherrlichen. Christen bemalten die Eier anfangs meist rot, in der Farbe des Blutes Christi, seines Leidens, aber auch des Lebens. In der Ostkirche wird die rote Bemalung bis heute bevorzugt.

Im Mittelalter war das Ei ein Zahlungsmittel und als «Zinsei» eine österliche Abgabe an den Grundherrn. Als Geld die Naturalien ersetzte und die Eierwährung an Bedeutung verlor, wurde das Ei ein Geschenk für Kinder. Früher brachten es auch Storch, Fuchs, Esel, Kuckuck, Kranich und sogar die Schildkröte; erst im 19. Jahrhundert schlug der Hase seine Konkurrenten aus dem Feld. Wie das Ei gilt auch der Hase (oder das Kaninchen, was dem Volk einerlei ist) als Fruchtbarkeitssymbol. Der Mümmelmann, der sich buchstäblich vermehrt wie die Karnickel, war ein Attribut antiker Liebesgottheiten und wurde der Aphrodite geopfert. Hasenfleisch galt als erotisierend, weshalb Papst Zacharias 755 n. Chr. dessen Genuß verbot.

Gleichwohl rühmte schon im vierten Jahrhundert ein Mann der Kirche, Bischof Ambrosius von Mailand, den Hasen als Sinnbild der Auferstehung. Vielleicht hatte er einfach über die vielen Langohren gestaunt, die sich just im März (daher der liebestolle «Märzhase») und April, als kämen sie aus dem Nichts, plötzlich auf den Wiesen und Feldern tummeln. Solche Naturbeobachtung mag auch einen Scherzbold auf die scheinbare Erklärung für die im Garten von ihm selbst versteckten und bunt angemalten «Haseneier» gebracht haben: Daß die niedlichen Häschen kindgemäß sind, beförderte dann im 19. Jahrhundert den Erfolg dieser Idee.

Eine Verwechslung kam hinzu. Eigentlich ist das Lamm, nicht der Hase das österliche Symboltier. Heute gibt es zu Ostern Schokoladenhasen, früher aber backte man sogenannte Gebildbrote in Tiergestalt, zum Beispiel in Form eines Lamms: Doch wenn Ohren und Hinterläufe zu lang gerieten, ähnelte es dem Hasen. Obendrein ist es auch sprachlich nicht weit vom Lamm zum Meister Lampe.

Wie mit Hase und Ei verhält es sich mit dem Osterfeuer: Es mutet heidnisch an, ist aber auch christlich. Das Feuer symbolisiert die Sonne, beschwört die wärmeren Jahreszeiten und läßt die Winterdämonen in Flammen aufgehen. Weil aber dieses faszinierende Element, das wärmt, verzehrt und immer in Bewegung ist, geradezu lebendig wirkt, deutete die Kirche es als Sinnbild des Lebens: Bereits im achten Jahrhundert wies Papst Zacharias die Missionare an, zum Osterfest das «ignis paschalis», eben das österliche Feuer zu entzünden.

Die Osterfeuer haben sich in jüngster Vergangenheit wieder ausgebreitet. Ausgestorben sind dagegen viele kuriosen Sitten, die dem blanken Aberglauben entstammen. Zum Beispiel sollte ein geweihtes Ei, über das Hausdach geworfen, vor Blitzschlag schützen. Auch sollte es eine Feuersbrunst stoppen, wenn man ein Osterei rückwärts hineinwirft. In Hasselfelde 1559 waren die Eier wohl schon aufgegessen.

Das christliche Rebus

Seine Schwäche in eine Stärke zu verwandeln, das imponiert. Für Jesu Gefolgsleute muß es ein Schock gewesen sein, daß ihr Meister von den Römern ans Kreuz geschlagen wurde. Doch sie verstanden es, die schimpfliche Hinrichtung als Opfertod eines Gottes für die Sünden der Menschheit auszulegen. So verkehrten sie ihr

Trauma in einen Triumph und verwandelten ihre momentane Niederlage auf lange Sicht in einen Sieg.

«In hoc signo vinces», in diesem Zeichen wirst du siegen: Anfang des vierten Jahrhunderts war es soweit. Damals kämpften Konstantin und Maxentius um die römische Kaiserwürde. Am 28. Oktober 312 kam es an der Milvischen Brücke nördlich von Rom zur Entscheidungsschlacht. Konstantin triumphierte. Am Vortag soll er am Himmel das Kreuzeszeichen mit der griechischen Inschrift «damit siege» erblickt haben – nicht etwa nachts, so daß das Kreuz eine ungewöhnliche Sternenkonstellation hätte sein mögen, sondern über der Nachmittagssonne. Daraufhin habe Konstantin die Schilder seiner Soldaten mit einem kreuzähnlichen Logo bemalen lassen und sich mit Gottes Hilfe den Erfolg gesichert. Das berichtet jedenfalls Konstantins christlicher Zeitgenosse Eusebius, der Bischof von Cäsarea, in seiner Kaiserbiographie.

Was immer es mit der Himmelserscheinung über der Sonne auf sich hatte, der siegreiche Konstantin förderte fortan nicht nur den Sonnenkult, zu dem er sich bereits im Jahr 310 bekannt hatte, sondern tolerierte das Christentum. Dafür sprachen, neben dem Schlachtenglück, religiöse Überlegung und realpolitische Einsicht: Zum einen führte ein erkennbarer Weg von der Anbetung der Sonne zur Verehrung des lichtspendenden Christengottes; zum anderen waren die Christen keine kleine radikale Minderheit mehr, die ohne Gefahr für den inneren Frieden unterdrückt werden konnte. Wie die Neugründung von Byzanz als Konstantinopel sichtbar machte, fuhr der geschickte Herrscher zweigleisig, ja drei-, wenn nicht viergleisig: Erstmals gestattete ein Kaiser außer Tempeln für die alten Gottheiten Roms und Griechenlands auch christliche Bauwerke, und im Zentrum ließ Konstantin eine Säule aufstellen, die just ihn selbst als Sonnengott verherrlichte. Damit machte er es Anhängern aller drei Glaubensrichtungen recht und stellte auch seine eigene Wenigkeit ins rechte Licht.

Die Einweihung der Stadt vollzog Konstantin, der wie seine Amtsvorgänger auch der Hohepriester, der Pontifex maximus war, nach heidnischem Ritus. Ein zweites, christliches Rom plante er offenbar nicht. Erst als Konstantin auf dem Sterbebett lag und die Verheißung des ewigen Lebens stark wie nie war, ließ er sich taufen und stellte die Weichen für die Nachwelt. Ende des vierten Jahrhunderts stieg das Christentum zum Staatskult auf.

Seither ist das Kreuz das Symbol von Qual und Mühsal nicht mehr nur für die Christen, sondern auch für ihre Feinde. «Das Kreuz ist nicht Sinnbild einer Allerweltsideologie der Mitte, es ist ein Galgen, bestimmt für Abweichler und Aufrührer, für Staatsfeinde und Gotteslästerer», schreibt der Schweizer Pfarrer und Schriftsteller Kurt Marti. Er hat auch sprachgeschichtlich recht, weil die Germanen Christi Marterpfahl tatsächlich als Galgen bezeichneten.

Wer am Galgen endet, stirbt ehrlos, und die Kreuzigung war die entehrendste römische Strafe. Aber das Kreuz steht zugleich in einer erhabenen Tradition. Bereits in den vorchristlichen Kulturen Asiens und Europas war es verbreitet. Es entspricht der Menschengestalt mit ausgestreckten Armen, die schon eine zyprische Statuette aus der Mitte des dritten vorchristlichen Jahrtausends zeigt. Als Radkreuz innerhalb eines Rings bildet es den Erdkreis mit den vier Himmelsrichtungen ab, deren Schnittstelle den eigenen Standpunkt in der Mitte des Kosmos markiert. Das Hakenkreuz, das ein sich drehendes Rad andeutet, symbolisiert Bewegung und steht für das ewige Kommen und Gehen der Natur, wohl auch für das ständige Auf und Ab des Schicksals, weshalb die Bewohner des Zwischenstromlands in dieser Figur das Glück beschworen und seine erhoffte Folge, den Wohlstand. Das Henkelkreuz, ein von einem Kreis oder Oval gekröntes T, galt den Ägyptern als Symbol des Lebens; die Juden betrachteten den T-förmigen hebräischen Buchstaben Taw als Gotteszeichen. Im Christentum heißt diese Figur «Antoniuskreuz», und wahrscheinlich sah so der Marterpfahl aus, an den die Römer, die freilich hartgesottene Praktiker ohne tiefere Bindung an sakrale Werte waren, den Aufrührer und Staatsfeind Jesus nagelten.

Die Anhänger Jesu stilisierten das orientalische Lebens-, Glücks- und Gottesemblem und römische Marterwerkzeug zum Zeichen des heilbringenden Erlöserleidens und ewigen Lebens – und brachten ihrerseits Leid. Seit dem Mittelalter war es die Kirche selbst, die die Abweichler und Gotteslästerer verteufelte und, wenn ihnen ihr Leben lieb und ihr Seelenheil wichtig war, zu Kreuze kriechen ließ.

Nicht nur bildlich, sondern buchstäblich taten das, vor allem am Karfreitag, die Kirchenbesucher und Wallfahrer. Wer besonders inbrünstig glaubte oder nur seine Demut demonstrativ vorführen wollte, absolvierte sogar auf den Knien rutschend den Kreuzweg, die Nachstellung des Leidensweges Christi von der Gefangennahme bis zur Kreuzigung: sei es in der Kirche an der Wand lang, wo die zwölf oder vierzehn Bilder der Passionsgeschichte hingen, oder sei es den weit beschwerlicheren Pfad den Kreuzberg hinauf, der Golgotha repräsentierte.

Die Zeit, da das Christentum ähnlich anmaßend, unduldsam und grausam auftrat wie heute der radikale Islam, ist lange vorbei. Die Mühsal ist leicht geworden: «Und wer nicht sein Kreuz auf sich nimmt und folgt mir nach, der ist mein nicht wert», forderte Jesus von seinen Jüngern (Mt. 10,38). Heute aber schleppt niemand mehr sein Kreuz. Statt dessen hat jeder sein Päckchen zu tragen.

Ein anderes Beispiel dafür, wie aus blutigem Ernst amüsanter Zeitvertreib wird, sind Kreuzfahrten. Heute sind das Schiffsreisen, die dem Vergnügen dienen, im Mittelalter aber nannte man so die Heerfahrten abendländischer Ritter ins Heilige Land. «Kreuzzüge» heißen diese Kriegszüge, in denen es nicht nur um die fromme Auffindung des Kreuzes Christi, sondern auch um Macht, Ruhm und Ehre ging, erst seit dem kirchenkritischen 18. Jahrhundert.

Im Jahrhundert der Aufklärung geriet das Christentum ins Kreuzfeuer der Philosophen und steht seither unter Beschuß von vielen Seiten. Selbst Theologen beteiligen sich daran, indem sie etwa die Auferstehung Jesu bezweifeln, was ein Indiz dafür ist, daß das Zeichen des Kreuzes in der modernen Welt fremd geworden ist. Immer mehr Leute denken so, wie es bereits ein Witz aus dem Ersten Weltkrieg schildert: Der Pfarrer macht einen Rundgang durch das Lazarett und kommt an das Bett eines schwerverwundeten Juden. Ohne sich nach der Religion des Soldaten zu erkundigen, hält der Pfarrer ihm das Kruzifix vor und fragt tröstlich: «Mein Sohn, weißt du, was das ist?» Mit brechender Stimme antwortet der Verwundete: «Ich hab' eine Kugel im Bauch, und er gibt mir ein Rebus auf!»

Die Sonne bringt es an den Tag

Heute wollen sie sich nur noch sonnen, doch einst verehrten sie das Tagesgestirn als göttliches Wesen: die Sonnenanbeter. Der berühmteste war im 14. Jahrhundert v. Chr. Pharao Amenophis IV., der Gatte der Nofretete. Er entthronte Ägyptens alte Götzen, hob den Sonnengott Aton auf den alleinigen Schild und nannte sich selbst ganz bescheiden Echnaton, «Er gefällt dem Aton». Zwar restaurierte die entmachtete Priesterschaft gleich nach seinem Tod die frühere Religion, doch die im Nilland lebenden Hebräer inspirierte der neue Glaube. Sie formten daraus im Lauf vieler Jahrhunderte eine höhere, vergeistigte Form des Monotheismus, das Judentum.

Merkwürdig genug, lebte in der Spätantike eine andere Sonnenreligion auf und wurde zum schärfsten Mitbewerber des Christentums auf dem Markt der Mysterien: der Mithraskult. Dessen Anhänger verehrten einen Gott der Ordnung und des Rechts, eben Mithras, dessen persischer Name «Vertrag» bedeutet. Ähnlich wie die Christen glaubten die Anhänger des Mithras an den Kampf zwischen Gut und Böse und an eine unsterbliche Seele. Das Gute war natürlich dem Licht assoziiert, weshalb der 25. Dezember, wenn die Tage länger wurden, als Geburtstag der wieder einmal «unbesiegten Sonne», als Feier des Sol invictus begangen wurde.

Der Mithrasglaube war allerdings eine Soldatenreligion, eine reine Männersache. Dieser Kult der Stärke war sein entscheidender Nachteil gegenüber dem Christentum, das die Erniedrigten und Beleidigten, die Armen und Lädierten, die Zukurzgekommenen und Willensschwachen ernst nahm. Die Männer huldigten dem Mithras und seiner unbesiegbaren Sonne, das schwache Geschlecht aber verehrte den leidenden Christus: Vor allem Frauen waren es, die das Christentum zuerst annahmen und die Kinder in seinem Geist erzogen.

Die Sonne als sichtbare Ursache des Lebens, des Lichts und der Wärme zu lobpreisen, liegt nahe. Doch es gab Kulturen, in denen der Mond höheres Ansehen genoß.

So war es bei den vorislamischen Arabern im heutigen Jemen, die den Mond als Spender des Regenwassers wähnten, ihn deshalb für den Beschützer des Menschen hielten und höher achteten als die Sonne. Beeinflußt war das südarabische Pantheon hierin vom Götterhimmel der Sumerer im glühend heißen und trockenen Zweistromland, wo tagsüber, wenn die Sonne das Feld beherrscht, das Wasser verdunstet, die Pflanzen verdorren und Menschen wie Tiere dürsten, wohingegen nachts, wenn der Mond regiert, sich Tau bildet und erquickende Kühle sich auf die Erde senkt. Deshalb priesen die Sumerer den scheinbar lebensspendenden Mond als gute Gottheit Nanna.

Seine Tochter war die Liebesgöttin Inanna, babylonisch: Ischtar, syrisch: Astarte. Obwohl jungfräulich, hat sie einen Sohn, den Vegetationsgott Tamuzu. Wie die Natur jedes Jahr stirbt und sich erneuert, so widerfährt es Tamuzu, der getötet und stets wiedergeboren wird: ein Mythos, der in der Jungfrau Maria und ihrem Sohn Jesus in verwandelter Form weiterlebt und auch erklärt, warum mittelalterliche Maler und Bildhauer die – vom Konzil in Ephesus 451 n. Chr. katholisch beeidete – «Gottesgebärerin» Maria bevorzugt auf eine Mondsichel stellten. Vordergründig geht diese Darstellung zwar auf das zwölfte Kapitel der Offenbarung zurück, doch hat deren Autor Johannes hier aus älteren Quellen geschöpft. Auch die Inszenierung der Muttergottes mit dem Jesuskind im Arm verdankt sich der vorchristlichen Mythologie: Als Mutter mit einem Kind auf dem Arm wurde schon die Astarte dargestellt.

Neben solchen Resten alten Mondglaubens haben sich auch Spuren des Sonnenanbetens bis heute gehalten, sei's im Weihnachtsdatum oder darin, daß der Sonnenhymnus des Echnaton, der Atons Herrlichkeit preist, dem Psalm 104 des Alten Testaments zugrunde liegt. Auch die Vorstellung von der Sonne als Inkarnation des Mithras und Wahrerin der rechten Ordnung ist dem jüdisch-christlichen Glauben an Gott, der alles sieht und über jede Verfehlung Buch führt, nicht fremd. Wahrlich, die Sonne bringt es an den Tag: Ihr nüchternes, grelles Licht läßt kein Geheimnis im Verborgenen – auch kein göttliches.

Hab Sonne im Herzen

Die meisten Leute lieben die Sonne und den Sommer. Der dunkle, kalte Winter ist weniger beliebt. Er verhüllt die Dinge; im sommerlich hellen Licht dagegen ist alles klar. Die Dinge liegen offen zutage. Die Sonne ist ein ehrliches Gestirn.

Ehrlich, klar, offen, so liebt man es. Aber zugleich gilt ein Mensch von solcher Art als ein bißchen naiv, als ein wenig dumm. Man attestiert ihm ein sonniges Gemüt, und einen allzeit optimistischen und fröhlichen jungen Mann nennt man mit leichter Ironie einen Sonnyboy. Genaugenommen steckt darin die englische Anrede «sonny», was eigentlich «Söhnchen» heißt und soviel wie «Junge, Kleiner» bedeutet, doch im Deutschen hört man «sonnig» heraus, was englisch «sunny» hieße.

Ehrlich, klar und offen strebte Deutschland einmal eine privilegierte Stellung in der Welt an: «Wir wollen niemand in den Schatten stellen, aber wir verlangen auch unseren Platz an der Sonne», sagte am 6. Dezember 1897 der damalige Staatssekretär des Auswärtigen Amtes und spätere Reichskanzler Bernhard von Bülow nach der Besetzung des chinesischen Küstenfleckens bei Kiautschou, dem heutigen Jiaozhou, um Deutschlands koloniale Ansprüche zu rechtfertigen. Im globalen Wettstreit mit der Konkurrenz aus Europa, USA und Japan agierte Deutschland damals allerdings ein bißchen zu plump, ein wenig zu dumm. 1918 bekam es die Quittung präsentiert.

Aus war der Traum von einem Kolonialreich, in dem die Sonne nicht untergeht. Die Deutschen waren jedoch nicht die ersten, denen es so erging. «Die Sonne geht in meinem Staat nicht unter», brüstet sich Philipp II., der Herrscher des im 16. Jahrhundert weltumspannenden spanischen Imperiums, in Schillers Drama «Don Carlos». Im 19. Jahrhundert konnte Englands Königin Victoria das gleiche sagen, heute sind die US-Amerikaner an der Reihe. Ihre ungeheure Staatsverschuldung läßt allerdings befürchten, daß man irgendwann die umgekehrte Redensart anwenden muß: «Die Sonne geht in seinem Staat nicht auf», sagt man von jemandem, der nichts besitzt.

Damit würden die USA, wie man im hochverschuldeten Deutschland ahnt, wohl nicht alleinstehen. Doch wer von Natur fröhlich und vergnügt ist, läßt sich die gute Laune nicht verderben und denkt allzeit positiv. Der um 1900 populäre Cäsar Fleischlein dichtete die Verse: «Hab Sonne im Herzen, / ob's stürmt oder schneit, / ob der Himmel voll Wolken, / die Erde voll Streit!» Dem Dichter dieser Zeilen schien offenbar die Sonne aufs Gehirn. Ehrlich, klar und offen wurden sie deshalb parodiert: «Hab Sonne im Herzen, / und Zwiebel im Bauch, / Dann kannst du gut sch...erzen / Und Luft hast du auch.»

Der Wonnemonat

Keinen anderen Monat bereimten deutsche Poeten so gern wie den Mai, den Monat der Liebe, der Jugend, der Erneuerung – und auch des milden Spotts darauf. «Alles neu macht der Mai», dichtete 1829 ein Hermann Adam von Kamp und meinte ernst, womit man heute eher scherzhaft eine auffällige Veränderung kommentiert.

Im Mai wächst die Natur zum vollen Leben heran. Daher sein Name: Er kommt von einer altitalischen Wachstumsgottheit, die männlich «Maius» und weiblich «Maia» heißt; beide Formen könnten vom lateinischen Komparativ «maius», das heißt «größer», gebildet sein. Bei den frühen Griechen war die Maia eine Muttergöttin, weshalb der Monatsname «Mai» sogar mit dem weltweit verbreiteten «Mama»-Wort zu tun hat.

Die Wälder ergrünen, die Blumen blühen, die Temperaturen steigen und mit ihnen die Säfte: Zu Recht heißt der Mai, seit Karl der Große die lateinischen Monatsnamen verdeutschen ließ, auch «Wonnemonat». Indes, der althochdeutsche «wunnimanod» meinte in Wahrheit prosaisch den «Weidemonat», weil dann das Vieh auf die Weide oder Alm getrieben wird. Vor 1200 Jahren bedeutete jenes Wort, das unsere «Wonne» wurde, lediglich «Weide» und «Futter». Erst später wandelte es sich zum Ausdruck für die Lust, mit der das Vieh das maifrische Blattwerk futterte. Wie eng Weide und Wonne zusammengehören, illustriert noch heute die herrliche «Augenweide». Zudem gibt es eine Parallele im Latein, denn dieselbe indogermanische Wurzel wie unsere «Wonne» hat auch die römische «Venus».

Es paßt zum «wunderschönen Monat Mai», daß er mit einem Feiertag beginnt: dem Tag der Arbeit, an dem die Arbeit – ruht.

1889, auf ihrem Gründungskongreß in Paris, bestimmte die II. Internationale der sozialistischen Parteien und Gewerkschaften den 1. Mai 1890 als Tag, an dem die Arbeiter aller Länder mit Streiks und Kundgebungen für den Achtstundentag kämpfen sollten. (Heute würden eher die Arbeitgeber für den Achtstundentag kämpfen.) 1891 beschloß die II. Internationale, diesen 1. Mai als Weltfeiertag, «an dem die Arbeiter die Gemeinsamkeit ihrer Forderungen und ihre Solidarität bekunden sollen», künftig jährlich zu begehen.

In den USA, wo es im 19. Jahrhundert eine starke sozialistische Bewegung gab, hatten schon seit den 1860er Jahren die Arbeiter für den Achtstundentag demonstriert. Besonders aktiv waren in diesem im Aufbau befindlichen Land die Zimmerleute, die Maurer. Deren Lohnverhandlungen kamen im Frühjahr, wenn die Nachfrage nach Arbeitskräften kräftig anstieg, zum Abschluß; das konnte in der Regel Anfang Mai gefeiert werden. An diesem Vorbild orientierte sich die II. Internationale, als sie den 1. Mai zum Kundgebungstag allgemeiner Arbeiterforderungen erhob.

Hätte sich die II. Internationale nicht auf Europa und Nordamerika fixiert, wäre vielleicht der 21. April zum Tag der Arbeit geworden. Schon 1856 war im australischen Melbourne der Achtstundentag für die Maurer verwirklicht worden; andere Branchen und Städte folgten. Der Tag der Vereinbarung von Melbourne war in Down under ein offizieller Feiertag: eben der 21. April.

Allerdings hatte der 1. Mai in der Alten Welt eine viel längere Tradition. Im Mittelalter war der erste Mai, der «Maitag», ein wichtiger Termin für Leistungen und Rechtsgeschäfte: Die heute noch gelegentlich auf dem Land mit frischen Kräutern angerührte «Maibutter» war ursprünglich eine Naturalabgabe an den Grundherrn. Im Hochmittelalter wurzeln manche am Maitag geübten Frühjahrsbräuche: Auf Flurgängen die Saat segnen, die Häuser mit «Maien», also grünen Zweigen schmücken, den Maibaum aufrichten als Symbol der Fruchtbarkeit: Der geschälte und entastete Stamm, dem man nur den Wipfel läßt, erinnert an einen Phallus, der bunte Schmuck, zu dem früher auch Würste und Schinken gehörten, beschwört den Sommer.

Zudem markierte das Maidatum einen alljährlichen Gerichtstag, an dem sich die Gemeinde zum «Maiding» um eben den «Maibaum» versammelte und an dem alle andere Arbeit geruht haben wird. Ob nun als Gerichtstermin, als Zeitpunkt feierlicher Abgaben an den Grundherrn oder als Datum eines Frühlingsfestes: Der erste Mai war auf dem Land wohl immer ein freier Tag und «gibt Veranlassung zu fröhlichen Ausflügen mit Spiel und Tanz für groß und klein», schrieb 1914, lange vor der Verankerung des 1.5. als gesetzlicher Feiertag, der Volkskundler Paul Sartori. Dank der Arbeiterbewegung, die den Maitag in die moderne Stadt brachte, ist er heute ein freier Tag für alle.

Man kann den Maitag sogar bis ins Altertum zurückverfolgen. «Der tag ist einer der hehrsten des ganzen heidenthums», befand Jacob Grimm. Im alten Rom opferte man am 1. Mai der Wachstumsgöttin Maia, und die britischen Kelten feierten an diesem Tag ihren Lichtgott Beal, der dem nordischen Baldur entspricht. Auch im Frühmittelalter war der Tag bedeutend, weil im Jahr 755 die fränkische Reichsversammlung vom 1. März auf den 1. Mai verlegt wurde, in eine Jahreszeit, die für die Anreise der oft von weit her anrückenden Herren günstiger war.

«Der Mai ist gekommen, der Winter ist aus» – lakonischer als der romantische Dichter Wilhelm Müller kann man es kaum sagen. In der Walpurgisnacht vom 30. April auf den 1. Mai bäumten sich die bösen Wintergeister ein letztes Mal auf. Im alten Volksglauben fliegen dann die Hexen auf den Blocksberg, um mit dem Teufel zu tanzen; der Mensch aber muß auf der Hut sein, denn die Dämonen können ihm, seinem Vieh und seinen Äckern Unheil bringen.

Viele Religionen kennen heilige Berge, etwa den Olymp oder den Fudschijama; noch die Bergpredigt bezeugt diese Tradition. Um einst geweihte Orte dürfte es sich auch bei den Blocksbergen handeln, von denen es in Deutschland früher an die hundert gab. Namentlich der Hexentanzplatz beim Harzer Brocken war wohl in der Sachsenzeit ein Versammlungsort für Opferfeiern im Frühjahr. Nach der blutigen Christianisierung unter Karl dem Großen wagten es nur die mutigsten Sachsen, vermummt die alte Kultstätte nachts aufzusuchen: Gut möglich, daß so die Spukgeschichten um die Hexenfahrt zum Blocksberg entstanden.

Der Name Walpurgisnacht zeugt davon, daß die Kirche den vorchristlichen Termin umdeuten wollte. Die heilige Walburga war die Schwester des Missionars Bonifatius, folgte 750 seinem Ruf nach Germanien und wurde 761 Äbtissin des Benediktinerinnenklosters Heidenheim, wo sie am 25. Februar 779 starb. Die Kirche erhob sie zur Schutzpatronin wider die Zauberkunst. Am 1. Mai 870 wurden ihre Gebeine ins Hochstift Eichstätt gebracht: Daran erinnerte fortan ein jährliches Translationsfest, das Fest der Überführung vom ursprünglichen Grab zu einem anderen Ort. (Allerdings wurden ihre Überreste großzügig als Reliquien weitergereicht, weshalb in Eichstätt heute nur noch ihr Brustbein vorhanden ist.)

Ob Walpurgisnacht, Tanz in den Mai oder Fahrt ins Grüne, man kann schön feiern. Und wer dann einen heftigen Kater hat, kann gewissermaßen «Mayday, Mayday» rufen – doch halt: dieser «Mayday» ist kein englischer «Maitag», sondern die Abkürzung und englische Aussprache des französischen «(veuillez) m'aider» – auf deutsch: Würden Sie mir helfen, kurz: Hilfe!

Von der Balz zum Schnackseln

Der französische Schauspieler und Schriftsteller Sacha Guitry (1885–1957) war ein Lebemann und Frauenschwarm. Einmal klagte ihm ein Freund deprimiert, die köstlichsten Speisen machten ihm keinen Appetit mehr, selbst der Champagner habe seinen Reiz verloren. «Aber, aber, mein Lieber», munterte ihn Sacha Guitry auf, der gerade wieder geheiratet hatte, «Essen und Trinken zählen doch zu den drei schönsten Dingen des Lebens!»

Sacha Guitrys Bonmot bezieht seine Wirkung natürlich aus dem, was es verschweigt. Nicht der Klartext, sondern die Anspielung gibt der erotischen Rede Reiz, weil sie die Phantasie anregt und das wichtigste Sexualorgan zur Tätigkeit anregt, das Gehirn. Schöne Worte fordern zum Mitdenken auf und laden zum Mitmachen ein; sowieso haben Rede und Erotik dies Wesentliche gemein, daß sie geselliger Natur sind und des Gegenübers bedürfen.

Es klappt nicht immer, wie man aus eigener Erfahrung weiß. Manchmal wirkt, was man in guter Absicht sagt, unpassend, plump oder peinlich. Wie leicht man in ein Fettnäpfchen tritt, erfuhr im Frühjahr 2001 Gloria von Thurn und Taxis, als sie im Fernsehen über das Geschlechtsleben der Afrikaner scherzte: «Der Schwarze schnackselt halt gerne!» Die deutsche Öffentlichkeit gab sich entrüstet, obgleich die meisten Leute wohl ähnlich wie die Fürstin denken und privat solche Äußerungen schmunzelnd weitererzählen oder grinsend akzeptieren.

Eine Anspielung geht ins Leere, eine Anzüglichkeit wird übelgenommen, ein falsches Wort sorgt für Entrüstung, ein deplazierter Ausdruck zerstört die Stimmung. Die Sprache der Liebe und Erotik ist heikel, um so mehr, als sich über Sexualität schwerlich unbeteiligt reden läßt, weil sie zum Innersten der Persönlichkeit gehört – das Bibelwort «erkennen» trifft hier den Kern. «Und Adam erkannte sein Weib Eva» (Genesis 4,1), kaum daß sie aus dem sittenstrengen Garten Eden vertrieben sind.

Was der eine höflich und diskret findet, findet die andere verschämt, was die eine für pikant hält, hält der andere für anstößig. Ob in intimer Zweisamkeit, am Kneipentisch, im akademischen Zirkel, in der Familie, in der Schule oder vor Gericht, je nach Umgebung muß man anders sprechen. In der Öffentlichkeit, wo jeder mithören kann, redet man deshalb gern drumherum und drückt sich vage aus, wenn von «da unten» die Rede ist. Als hingegen die Aufklärungsbroschüre «Let's talk about sex» unbefangen das «Ficken» und «Bumsen» auf Tapet brachte, waren Politiker und Eltern empört.

Wörter können aus sozialen oder moralischen Gründen fehl am Platz sein. Außerdem spielen natürlich der eigene Geschmack, die eigenen Vorlieben eine große Rolle, weil das Geschlechtliche die eigene Person bis in die Haarspitzen prägt. «Gib mir statt ‹Der Schwanz› ein ander Wort, o Priapus!» klagte Goethe: «Denn ich Deutscher, ich bin übel als Dichter geplagt. / Griechisch nennt' ich dich phallos, das klänge doch prächtig den Ohren, / Und lateinisch ist auch mentula leidlich ein Wort. / Mentula käme von mens, der Schwanz ist etwas von hinten, / Und nach hinten war mir niemals ein froher Genuß.»

Auch wenn Goethe hier einen Schönheitsfehler im Gewand der deutschen Sprache entdeckte: Der erotische Wortschatz des Deutschen ist riesengroß. Jeder kann diesen Reichtum erahnen, wenn er, Goethe zum Tort, nur die Wörter aufzählt, die er selber für das Beste am Mann bzw. der Frau kennt: also für den Schniedelwutz, Piepmatz, Pillermann, Pint und Schnulli oder (wie man in Ostdeutschland sagt:) Bobik, zweitens fürs – wie es abermals Goethe in seinem Jugendstück «Hanswursts Hochzeit» zu benennen beliebte – «Schnuckfözgen», die deutsche Büchse und Muschi und englische Pussy, die ostdeutsche Mizinka oder oberdeutsche Kuchi. Ernest Bornemans Lexikon «Sex im Volksmund» nennt für die Scheide über 100 Synonyme, für den Penis sogar einige 100.

Und es werden immer mehr. In Luis Buñuels Film «Der diskrete Charme der Bourgeoisie» will der Botschafter von Miranda gerade mit der Frau eines Freundes ins Bett gehen, als es plötzlich klingelt und eben dieser Freund vor der Tür steht. Verwundert fragt er den Botschafter: «Was macht meine Frau in deinem Schlafzimmer?» Der erwidert souverän: «Ich wollte ihr meinen Eumel zeigen.» Verblüfft gibt sich der Freund mit dieser wie selbstverständlich vorgetragenen Erklärung zufrieden. Ernest Borneman kennt dieses Wort ebensowenig wie dieses: Ernst Kuzorra, ein Fußballer aus der großen Zeit von Schalke 04 in den 30er Jahren, wurde einmal gefragt, warum die Kicker früher so lange Sporthosen trugen. Kuzorra: «Weil wir so lange Dödel hatten.»

Lebendig und schöpferisch ist die Sprache der Erotik, und sie befruchtet die gesamte Sprache. Oft merkt man nicht einmal, in welcher Sphäre das Wort einmal zu Hause war, das man im Munde führt. «Ich habe zarte Mädchen, die sich gewiß nichts dabei dachten, schon Jungen als Schlappschwänze bezeichnen hören, obwohl diese allenfalls als tanzunlustig oder bierselig gelten konnten», berichtet Eike Christian Hirsch in seinem Buch «Deutsch für Besserwisser». Fast das gleiche Wort hat sich, anstelle von «Kerl», unter emanzipierten Frauen eingebürgert: «Du bist mit dem Auto liegengeblieben, aber kein Schwanz hält an und hilft dir!» Apropos Auto – ein weiteres Beispiel ist der tolle Typ am Steuer seines Sportwagens, der «mit Karacho» fährt: Er tut das eigentlich mit dem «Schwanz», denn das heißt spanisch «carracho».

Immer aber bleibt die Frage, wann welches Wort wo, wozu und wem gegenüber am Platz ist. Kraftwörter zum Beispiel zeugen in feiner Gesellschaft ebenso von schlechtem Geschmack, wie fürnehme Umschreibungen am Kneipentisch unangebracht sind. Man kann, so unbestimmt wie allumfassend, nach angelsächsischem Vorbild «Liebe machen». Andere Ausdrücke gehören den Sphären von Medizin und Rechtspflege an, wie der «Sexualakt» und der «Koitus»; man kann den Beischlaf vollziehen und Geschlechtsverkehr alias GV haben, welches technische Kürzel die einstige Ministerin für Jugend und Gesundheit und Initiatorin der Kondomkampagne gegen Aids Rita Süssmuth bevorzugen soll. Der Papst sieht es ergebnisorientiert und will, daß sich Mann und Frau «fortpflanzen». Selbst Katholiken schlafen gleichwohl ohne Kinderwunsch miteinander, gehen ins Bett, können sich ironisch paaren und begatten, mögen humoristisch poppen und pflöckeln, niedlich mauseln, ostdeutsch knieseln und einfach kindlich ficki-ficki machen. Je nach Zusammenhang kann man selbst unverfängliche Wörter anders auslegen, wie es dieser alte Witz vorführt: Ein Mädchen beichtet dem Pfarrer, einen jungen Mann sehr geschätzt zu haben. «Geschätzt?» fragt der Pfarrer. «Wie oft?»

Gerade in puncto Liebe, Erotik und Sexualität ist die katholische Kirche ein konservatives Bollwerk. Da die zölibatär lebenden Pfarrer, Bischöfe und Kardinäle den Geschlechtsverkehr nur zum Kinderzeugen erlauben, gilt es bereits als Sünde, die Pille zu nehmen. «Sex als Selbstzweck», warnt ein italienischer Liebeskodex mit dem Titel «Sesso Santo», Heiliger Sex, «führt zu Sucht, zu Krankheiten, zum Tod.» Paaren, die nicht die Kinderschar vermehren wollen, wird vom Katholikenknigge als Höhepunkt paradiesischen Glücks die «Position Eden» empfohlen: «Der Ehemann streckt sich rücklings nackt auf dem Bett aus und läßt seinen ‹pipino› – erloschen oder halb aufgerichtet – zwischen den geschlossenen Schenkeln verschwinden. Die Ehefrau legt sich nackt auf ihn, in vollem Kontakt. Man kann sich küssen, sanft umarmen, miteinander reden, sich schweigend ansehen oder beten.»

Ob es der Kirche paßt oder nicht, Liebe, Eros und Sex werden im Lauf der Zeit immer wieder neu und von der Gesellschaft anders bewertet. Auch die Sprache verändert sich. So werden früher verpönte Wörter gewöhnlich und einst normale Ausdrücke ungebräuchlich. Für junge Leute sind die «Eier» statt der fast fachsprachlich anmutenden «Hoden» das Standardwort und gelten kaum noch als vulgär. Umgekehrt verhält es sich mit dem matten Ausdruck «Glied»: Er befindet sich auf dem Rückzug gegenüber dem eindeutigen «Penis». Goethe kannte dieses Wort noch nicht, es bürgerte sich erst später im Deutschen ein. Ob diese Medizinervokabel dem Poeten tatsächlich gefallen hätte, ist allerdings die Frage.

Einen bemerkenswerten Wandel hat das gebräuchlichste Wort aus der sexuellen Unterwelt erlebt: ficken. Im Mittelalter bedeutete es «reiben» und bezeichnete in einem weiteren Sinn auch kurze und rasche Bewegungen – ähnlich wie heute das Adjektiv «fickerig», das nichts weiter heißt als «unruhig». Außerdem meinte das Verb «jucken, kratzen» und was damit zusammenhängt: «sich ärgern». In diesem Sinn dichtete der Biedermeierpoet Eduard Mörike im 19. Jahrhundert: «Mich kränkt es, mich fickt's».

Die sexuelle Sinngebung war schon im 16. Jahrhundert bekannt, dominiert aber erst seit dem 20. Inzwischen wird der Ausdruck schon zum prolligen Fluch bei Ärger («Ich fick die Sau!») und zum Schimpfwort, mit dem sich der Unterlegene Luft macht, denn «gefickt werden» ist erniedrigend. Diese neuerliche Bedeutungserweiterung geschieht zwar unter angelsächsischem Einfluß («So ein fuck!»), aber diese Entwicklung ist in der deutschen Sprache selber angelegt.

Doch in welchem Sinn man es auch verwendet, selbst ein eigentlich alltägliches Wort wie dieses paßt wahrlich nicht immer und überall. In der Öffentlichkeit herrschen strengere Sitten als privat, das mußte 2001 die Band Sofaplanet erfahren: Ihr Hit «Liebficken» wurde von einigen Radiostationen boykottiert.

Ein Wort, das in der einen Sphäre paßt, erregt Anstoß in der anderen: Das Problem ist eben nicht, daß es keine Wörter gäbe und man über Liebe, Erotik und Sexualität nicht sprechen könnte, sondern daß überall Schranken gesetzt sind, andere Regeln gelten und es, im Reden wie im Tun, ungefähr so viele Eigenheiten und Eigenarten gibt wie Menschen. Das macht die Sache, französisch: Affaire, kompliziert, aber gleichzeitig interessant und aufregend.

Nur ist es vielleicht so, daß das gerade in dem Punkt, wo sich Mann und Frau liebend gern treffen, seit sehr langer Zeit künstlich erschwert wird: So notwendig die Triebunterdrückung zur Ausbildung höherer Kultur und verfeinerter Sitten ist, so sehr haben zwei Jahrtausende lustfeindliches Christentum im Verein mit 200 Jahren abstrakter, entsinnlichter Bildung und Wissenschaft in der abendländischen Gefühlswelt viel Schaden angerichtet.

In der Antike hatte man zur Sexualität ein entspannteres Verhältnis. Götter mit aufgerichtetem Phallus, Muttergottheiten mit sichtbarer Scham, Figuren von kopulierenden Paaren und erotische Wandmalereien waren eine normale Sache, ebenso wie der Geschlechtsverkehr im Tempel: «Außer den Ägyptern und Hellenen begatten sich fast alle Völker im Heiligtum», berichtet Herodot im fünften vorchristlichen Jahrhundert. Die Mythen der alten Völker sahen in der Potenz des Mannes und der Fruchtbarkeit der Frau göttliche Mächte. Die Religion war sexuell geprägt; schon das

Verhältnis des himmlischen Göttervaters zur Mutter Erde, die er mit seinem Regen-Samen befruchtet, war ein Sinnbild des Zeugungsakts. In manchen Götternamen trat der Geschlechtssinn deutlich hervor: Der phönizische Obergott Baal war eine männliche Verkörperung und hatte Stiergestalt – das ist bis heute und sogar im Deutschen erkennbar: «Baal» ist mit «Bulle» verwandt, dessen Name wiederum zu tun hat mit den «Bällen» oder «Bällchen», englisch «balls» (ausgeschrieben: «ballocks», Hoden). Baal, Bulle, Ball, Bällchen, balls, ballocks, sie alle sind urverwandt mit griechisch «phallos», und vielleicht rührt auch die «Balz» von hier.

Doch so wichtig und witzig solche Beschäftigung mit der Sprache ist, sie hat einen Nachteil: Womöglich vergißt man darüber die Sache selbst. Solches widerfuhr dem amerikanischen Psychiater Alfred Kinsey, der 1948 seine Studie über das sexuelle Verhalten des Mannes publizierte und 1953 die entsprechende über die weibliche Sexualität folgen ließ. Kinsey war ein fanatischer Arbeiter, der sein Forschungsinstitut kaum einmal verließ, was seine Frau einmal zu der Bemerkung veranlaßte: «Seit sich Alfred mit Sex beschäftigt, sehe ich ihn kaum eine Nacht mehr.»

F..k the c..t

Manche Wörter darf man nicht öffentlich aussprechen oder ausschreiben. Allerdings geht das inzwischen immer mehr Leuten am A... vorbei. Dieser Wandel ist spürbar, nicht nur in Deutschland, sondern auch international. Schärfer noch als im Deutschen war die sexuelle Sprache früher in England und den USA reglementiert, zwei Staaten mit langer puritanischer Tradition. Der britische «Obscene Publications Act» von 1857 und der US-amerikanische «Comstock Act» von 1873 stellten den öffentlichen Gebrauch obszöner Wörter unter Strafe. Auch wissenschaftliche Bücher und große Literatur wurden konfisziert, wenn sich darin inkriminierte Ausdrücke fanden. D.H. Lawrences Roman «Lady Chatterley's Lover» von 1928 durfte hauptsächlich deshalb nicht ungekürzt verlegt werden, weil das Wörtchen «cunt» (Vagina) darin vorkam. (Man kann sich die roten Köpfe der Briten vorstellen, wenn sie über Immanuel Kant diskutierten.) In den USA wurde das Buch erst 1959, in England 1960 unzensiert gedruckt.

In Deutschland kam die Selbstzensur der Autoren solchen Verboten zuvor, zudem pflegt man obszöne Vokabeln mit Auslassungspunkten abzukürzen. Auch im Englischen schreibt man beispielsweise «f..k» oder «c..t» und macht die schlimmen Ausdrücke im Radio durch einen Piepton unkenntlich. Die Rolling Stones mußten 1973 ihren Hit «Starfucker» in «Star Star» umbenennen, den Refrain in «Starbucker» verändern (welches Wort es im Englischen gar nicht gibt) und die Zeile «you better keep your pussy clean» auf den Schallplatten für den US-Markt überspielen. Oder man nahm seine Zuflucht in Verballhornungen: In seinem Roman «The Naked and the Dead» von 1948 schrieb Norman Mailer statt fuck: «fug».

Aber weil die Pharisäer solche Wörter natürlich kennen, verfängt die Tarnung oft nicht. Als der britische Lexikograph Eric Partridge 1936 in sein «Dictionary of Slang» das Wort «fuck» aufnahm, protestierten Lehrer und Bibliothekare und riefen die Polizei – obwohl der Verfasser nur «f*ck» geschrieben hatte. Erst 1992 fanden solche «four-letter-words» in ausgeschriebener Form Eingang ins «Oxford Dictionary of Modern Slang». Im übrigen waren die Engländer im Hochmittelalter weniger prüde: Im 13. Jahrhundert gab es in London eine «Gropecuntelane», eine Mösentätschelgasse.

Ob in England, Deutschland oder anderswo, Tabus sollen die Luft in der Stube sauber halten. Doch womöglich wird sie erst recht schwül, denn Verbote heizen die Phantasie an und haben deshalb oft den gegenteiligen Effekt. Das frivole Spiel mit Anstandsregeln, der kitzlige Verstoß gegen Sittenverordnungen macht die Erotik nur prickelnder. Statt das Ungehörige zu bannen, breitet es sich insgeheim aus und infiziert das an sich Unverfängliche: Im viktorianischen England war der banale Name «John Thomas» ein Ausdruck für den Penis, und jene «sweet Lady Jane», die die Rolling Stones 1966 besangen, meinte in Wahrheit die Vagina.

Auf die Sprache wirkt sich die Tabuisierung jedenfalls nicht nur nachteilig, sondern auch günstig aus: Nicht nur führen die unschicklichen Wörter unter der Decke ihr Treiben sowieso weiter, denn eine Sprache ohne Unterleib kann es nicht geben. Vor allem aber sucht man Umschreibungen und erfindet neue Wörter – der Wortschatz wird reicher. Die Tabuisierung schärft Geist und Charakter: Man muß erfinderisch sein und Mut haben, um Verbote zu umgehen. Daher hat die Enttabuisierung auch Nachteile: Die Sprache könnte verarmen, der Geist abstumpfen, der Kitzel des Verbotenen geht verloren. Potzleck!

Wo die kleinen Sexwörter herkommen

Erstaunliches, Kurioses, Schönes und Peinliches: Das fördert die Wortgeschichte auch «unten rum» zutage. Um ohne langes Vorspiel zur Sache zu kommen und einige geläufige Kraftwörter zu nehmen, die gerade hier der Aufmerksamkeit nicht weniger wert sind als die feineren Ausdrücke: Es waren ursprünglich nicht unsere gefiederten Freunde, welche «vögeln». Das Wort geht vielmehr zurück auf die Hin-und-her-Bewegung des «Fegens», was man zu «fegeln» verniedlichte und dann erst in ein «Vögeln» verwandelte.

Mit dem Klangwort «bim» haben das «Pimpern» und der derbe «Pimmel» zu tun: Gemeint ist der Klöppel der Glocke, der bimmelt, d. h. pimmelt oder eben pimpert.

Vulgär ist die «Fotze». Merkwürdig ist allerdings, daß die bairische «Fotzn» bloß den Mund bezeichnet und die englische «Fud» sowohl die Scheide wie den Hintern meint. Tatsächlich ähneln sich Gesicht, Scham und Podex via Lippen bzw. Backen – das alltäglich beschimpfte «Arschgesicht» bezeugt das genauso wie das ordinäre Gegenstück zum Zwillingsreim über die Nase des Mannes, die so ist wie sein Johannes: «Wie die Lippen eines Weibes / ist die Ritze ihres Leibes.» In der Tat bedeutete im Indogermanischen die simple Silbe «pu», die Urahnin der «Fotze», soviel wie «dick» und war auf die aufgeschürzten Lippen und aufgeblasenen Backen gemünzt, wie man sie heute noch beim Ausruf «pu!» macht oder wenn man «pu»stet. Dieses Gesicht- und spätere Hintern-Wort schließlich für die am stärksten tabuisierte Vagina zu benutzen, hat wohl mit Tarnung zu tun – ähnlich wie in Softsexfilmen beim Verkehr oft das Gesicht und die Rückenpartie, selten jedoch die Scheide gezeigt wird.

Daß ein Wort auch den umgekehrten Weg gehen kann, zeigt das alte (aber mit dem modernen «poppen» verwandte) «pupen». Es findet sich im 16. Jahrhundert in Ausdrücken wie dem «Pupenhan», einem Wort für den Penis. Heute aber geschieht das «Pupen» hinten rum, es meint «furzen»: Begreiflich ist diese Umleitung schon, gibt es doch auch Leute, die beim «Bumsen» ans Furzen denken. Obendrein kann es mit dem Mund geschehen: Wer rumpupt, prahlt.

Das schmutzige Wort für die Scheide war zuvor, auch wenn es heute nicht mehr herauszuhören ist, Lautmalerei. Erhalten hat sich diese beim «Kuß» und dem «Bussi», das die Engländer als «buss», Spanier als «buz» und Polen als «buzia» kennen. Das U verweist auf die gerundeten Lippen, das B im Verein mit dem S auf die feuchte Berührung. Auch der laute «Schmatz» und das schon im 16. Jahrhundert zärtlich aufgedrückte «Schmätzchen» sind reine Klangmalerei. Daß diese Geräusche nicht nur mündlicher Natur sind und bei der «gegenseitigen Bewohnung von Mund und Zunge» (wie es die katholische Liebesfibel «Sesso Santo», Heiliger Sex, ausdrückt) entstehen, wissen zum Beispiel die Araber, denn in ihrer Sprache bezeichnet «kus»: die weiblichen Genitalien.

Worte sind mehr als Schall und Rauch. Sie geben Aufschluß, wie man denkt und fühlt, was man für wichtig und typisch hält, ob man es ernst oder leicht nimmt. Was zum Beispiel ist das Wesentliche beim «Miteinander schlafen»? Die wissenschaftlich, juristisch oder verwaltungssprachlich geprägten Begriffe wie «den Beischlaf vollziehen», «begatten», «koitieren» oder «kopulieren» gehen auf Distanz.

Scheinbar banal und unbeteiligt geben sich auch viele emotional aufgeladene Wörter, denn sie betonen im Grunde äußerliche Aspekte oder kaprizieren sich auf die technische Seite. Hin und her bewegt man sich beim «Vögeln», «Bügeln», «Bürsteln», «Geigen» und «Ficken» – wobei immerhin die häufige Verkleinerungsform «-ln» den Vorgang niedlich macht. Auf das Geräusch, den Rhythmus stellen ab das «Bumsen», «Stoßen», «Knallen», «Pflöckeln», «Puffen» – dem das Bordell seinen anderen Namen verdankt – und das modische, von Helge Schneider geliebte «Poppen» (das, wie gesagt, mit dem altdeutschen «pupen» verwandt ist, aber in seiner aktuellen Form vom englischen Verb «pop» abgeleitet ist, das «puffen, knallen machen» bedeutet). Gewalttätig wird es beim «Nageln», «Stechen», «Schießen» und sogar «Schlachten» – offenbar männliche Ausdrücke voller kriegerischer Aggressivität. Das «Stopfen», das Bertolt Brecht einmal bedichtete, gehört ebenso in die Reihe dieser Rauhbein-Wörter wie eine scheinbar widersinnige jiddische Vokabel: «Nach dem Krieg konnte Weinberg jede Menge Weiber haben», schreibt Rafael Seligmann in seinem Roman «Der Milchmann» von 1999: «Und er nahm sie. Sie trennten mit jedem, der zahlte. Sogar mit Negern.» Jiddisch ist das aufs mittelalterliche Deutsch zurückgehende Jüdisch. Im Mittelhochdeutschen aber meinte «trennen» auch: spalten.

Infolge des jahrtausendelang männlich beherrschten Zusammenlebens der Geschlechter dominiert in der Sprache die Perspektive des Mannes; auch jene Wörter, die die Körperlage angeben, bezeichnen seine traditionelle Position, die oben: «besteigen», «drüberrutschen», «flachlegen», «decken». Die weibliche Sichtweise zeigt sich wohl nur im scherzhaften Wunsch, «sich jemanden reinzuziehen». Oder die Frau kritisiert feministisch das männlich-chauvinistische «Penetrieren».

Männer können aber auch anders und erfinden drollige und kauzige Ausdrücke. In Eckhard Henscheids Büchern stehen zum Beispiel «knispeln», «zwurgeln» und «berumpeln». Tierischer Natur sind: «bespringen», «beschälen», «hecken», «mauseln», «rammeln». Das «Hecken» war ursprünglich auf die Fortpflanzung von Vögeln und kleinen Säugetieren gemünzt und macht den buschigen Ort namhaft, in dem der Nachwuchs ausgeheckt, das heißt ausgebrütet wird. Das «Rammeln» wiederum scheint die Stärke des Rammlers, des Männchens von Kaninchen und Hase zu bezeichnen – heißt aber nach dem Schafbock, althochdeutsch «rammo», später auch «Rammbock» genannt. Übrigens heißt der nicht nach seiner mächtigen Stoßkraft, sondern seinem strengen Geruch: Das germanische Adjektiv «ram» meint «scharf, bitter» – der Rammler ist eigentlich ein Stinker.

Die Sprache gibt Auskunft über das Denken auch früherer Zeiten. Doch bleibt gerade in puncto Sexualität Vorsicht angezeigt, weil die mit üblem Leumund behafteten Wörter selten niedergeschrieben wurden, weshalb ihre Etymologie sich schnell im Dunkel der Geschichte verliert. Ausgerechnet die liebliche «Muschi» (so nennt immerhin der bayerische Ministerpräsident Edmund Stoiber seine Frau Karin) und die zotige «Möse» entziehen sich darum der linguistischen Erforschung. Ob die Muschi sich der «Muschel» verdankt, ob der Duftstoff Moschus mitspielt, der im Mittelalter auch «muschum» genannt wurde, ob das Wort mit den «Mus»keln der Scheide zu tun hat, ob der «Mu»tterlaut Einfluß hat, ob über die Analogie von Schamhaar und Fell der bekannte Kosename für die Katze hineinspielt (jedenfalls ist «Kätzchen» als Umschreibung für die Vulva seit dem 19. Jahrhundert bekannt, auch nennt man junge hübsche Frauen «Miezen», ferner denke man an die englische «pussycat» alias «Muschikatze»); ob «Muschi» wie «Möse» mit dem Wort für die Maus zu tun haben, zumal diese der geliebten Mausi, dem reizenden Mäuschen den Necknamen liefert, ob über den Vergleich von Behaarung und Pflanzendecke das weiche, feuchte Moos eine Rolle spielt, ob endlich der niederdeutsche «Mösel» (hochdeutsch: Mörser) von Bedeutung ist – das alles läßt sich wohl nie aufklären. Als Gegenstück zum männlichen Zipfel bildet sie jedenfalls das Zentrum der Lusterfüllung und ist sozusagen das Schwarze der Zielscheibe. Auf französisch: «mouche».

Das Ehrenkreuz mit dem Muttertag

«Jeder von uns hatte eine Mutter», verkündete Bundespräsident Heinrich Lübke 1965. Trotz dieser unwiderleglichen Einsicht lehnen viele Leute den Muttertag ab, weil er für das überlebte Ideal von der Frau als Mutter und von der Mutter als menschlicher Glucke steht und weil der Mutterkult der Nazis bis heute seinen Schatten wirft.

Indes kann der Muttertag auch einer anderen Politik dienen: In den 20er Jahren machte sich die österreichische Frauenrechtlerin Marianne Hainisch für diesen Feiertag stark. Schon vor dem Ersten Weltkrieg hatte sie für die Gleichberechtigung der Frauen in Bildung und Beruf und für das Frauenwahlrecht gekämpft. Im Muttertag erblickte sie eine Möglichkeit, die Emanzipation breitenwirksam zu propagieren.

Bedenkt man die althergebrachte Wertschätzung für die Mutterfreuden und das Mutterglück und die mitunter weihevolle Stimmung, die einst schon das Wort «Mutter» auslösen konnte, dann möchte man glauben, daß der Muttertag eine urdeutsche Erfindung sei. Doch weit gefehlt: Er ist ein Import aus den USA.

Die Tochter eines Methodistenpredigers erfand ihn Anfang des 20. Jahrhunderts, eine gewisse Ann Jarvis aus Philadelphia. Mit 41 Jahren hatte sie die Idee ihres Lebens: Selbst unverheiratet und kinderlos, begann sie 1905 die Werbetrommel für einen «Mother's day» zu rühren, im selben Jahr, in dem ihre eigene Mutter gestorben war. Der Gedanke kam ihr spät, war aber kein Zufall, denn Miss Jarvis war erblich vorbelastet, hatte ihre Mutter doch eine «Mother's Work Organisation» gegründet, ein Mütterhilfswerk.

Ann Jarvis' eigener Beitrag, den Müttern zu helfen, bestand darin, daß jeder am zweiten Sonntag im Mai eine weiße Nelke tragen und den Gottesdienst besuchen sollte. Das war eine billige und bigotte Idee, die zwar den Müttern nichts brachte, aber sich prima eignete, jedermann ein gutes Gewissen zu verschaffen. Entsprechend erfolgreich war sie.

Schon 1907 wurde der Muttertag in Fräulein Jarvis' Heimatstadt und im Bundesstaat West Virginia mit einem großen «Mother's Day Meeting» begangen. 1908 feierten bereits 45 Bundesstaaten mit, und sechs Jahre später, am 9. Mai 1914, beschloß der US-Kongreß, den zweiten Sonntag im Mai «als öffentlichen Ausdruck für die Liebe und die Dankbarkeit zu feiern, die wir den Müttern des Landes entgegenbringen»: Einen größeren Ausdruck als einen sowieso freien Tag vermochte die Liebe und Dankbarkeit nicht zu finden.

Noch vor dem Ersten Weltkrieg sprang die wohlfeile Idee nach Kanada, Australien und Großbritannien über. Nach 1918 verbreitete sich der Muttertag auch außerhalb der angelsächsischen Welt und setzte sich auf dem europäischen Kontinent durch, zunächst in Skandinavien, dann in Mitteleuropa. Recht schnell geschah das vor allem in den protestantischen Ländern und Regionen, während Katholiken zögerten: Die traditionelle Marienverehrung erschwerte die Ausbreitung des neuen, weltlichen Brauchs. In den evangelischen Gebieten dagegen konnte der Muttertag offenbar eine Leerstelle füllen.

Ähnlich wie heute die Floristen um den Valentinstag bemühte sich in Deutschland damals der «Verband Deutscher Blumengeschäftsinhaber» um den Muttertag. Zugleich hängten sich konservative und nationalistische Politiker an die Sache. Sie sahen die Bestimmung der Frau in der Mutterrolle und ihren gesellschaftlichen Platz in der Familie, nicht im öffentlichen Leben, in der Arbeitswelt und im Kulturschaffen. Deshalb waren es auch nicht die demokratischen Politiker, sondern erst die Nazis, die 1933 den zweiten Maisonntag offiziell zum Muttertag erklärten und an ihm seit

1939 den Müttern kinderreicher Familien das «Ehrenkreuz der deutschen Mutter» verliehen.

In den 50er Jahren war der Muttertag von diesem völkischen Unsinn befreit, doch die Auffassung, daß die Frau sich allein um Küche und Kinder zu kümmern habe, wirkt bis heute nach. Weil der Muttertag noch immer vom altmodischen Rollenklischee geprägt ist, lehnen ihn viele Frauen ab. Sie feiern lieber den Internationalen Frauentag am 8. März, während sie den Muttertag als Alibi für eine Gesellschaft verurteilen, die ihnen die soziale und wirtschaftliche Gleichstellung verwehrt. Freilich könnten im Zuge der Gleichberechtigung zumindest die jungen Frauen ohne Kind und Kegel sich am Muttertag den Vatertag zum Vorbild nehmen, einmal alles stehen und liegen lassen und einen draufmachen.

Spritig statt spirituell – der Vatertag

Feiertage erinnern an religiöse Anlässe oder dienen dem staatlichen Gedenken, doch nutzte man sie schon immer ganz profan für private Festivitäten. Ein Beispiel ist Christi Himmelfahrt, deren Datum mit dem Vatertag zusammenfällt.

Wie die Apostelgeschichte erzählt, fuhr Jesus 40 Tage nach seinem vorübergehenden Kreuzestod zum Himmel auf. Dem Bericht zufolge geschah das nicht in Jerusalem, sondern vom Ölberg vor der Stadt aus. Dorthin sollen die Jünger, die in Jerusalem ein Haus bewohnten, mit ihrem Meister spaziert sein. Zur Erinnerung an diesen Ausflug begingen viele Kirchengemeinden den Tag einst mit einer Prozession in die Natur.

Laut Apostelgeschichte wohnten die Jünger in keiner Männer-WG, denn sie «alle waren stets beieinander im Gebet samt den Frauen und Maria, der Mutter Jesu, und seinen Brüdern.» Nicht nur hatte Jesu, nebenbei bemerkt, Brüder; sondern die Jünger lebten mit Frauen zusammen, die beim Spaziergang zum Ölberg doch wohl dabei waren.

Die heutigen Ausflüge am Vatertag aber, die das spirituelle Vorbild in einen sprittigen Zusammenhang überführen, sind reine Männersache; auch nehmen entgegen dem Namen meist Junggesellen, keine Familienväter teil. Darin knüpft der Vatertag weniger ans christliche Vorbild als an deutsche Sommertraditionen an, an die Berliner Herrenpartie z. B., bei der die Herren der Schöpfung ins Grüne zogen, Wirtshäuser besuchten, Karten spielten und kegelten. Der frühsommerliche Himmelfahrtstag eignete sich gut für solche Ausflüge. Noch älter war der ländliche Brauch des von jungen Männern gefeierten «Pfingstgelages», dessen Termin allerdings ans Pfingstfest gebunden war.

Erst seine Himmelfahrt hatte Jesus zehn Tage später das Pfingstwunder ermöglicht, die Ausgießung des Heiligen Geistes vom Himmel herab, wie Petrus im zweiten Kapitel der Apostelgeschichte den staunenden Juden erklärt. Entsprechend eng ist das Brauchtum beider Feiertage verbunden. Gewöhnlich fanden die Pfingstgelage montags statt, und in weiten Teilen Österreichs gilt daher der zweite Pfingsttag als Vatertag. In anderen Regionen der Alpenrepublik aber feiert man ihn am zweiten Junisonntag, was ein Echo ist auf den am zweiten Maisonntag gefeierten Muttertag. Wie dieser kommt die Idee des Vatertags aus den USA.

Eine gewisse Sonora Smart Dodd hatte sie im Jahr 1909, als sie in Spokane im Bundesstaat Washington einer Muttertagsrede lauschte. Ihre eigene Mutter war früh gestorben, weshalb sie und ihre Geschwister allein vom Vater aufgezogen worden waren. Sie beschloß, einen Vatertag zu propagieren, und legte ihn in den Juni, den Geburtsmonat ihres eigenen Erzeugers. Am 19. Juni 1910 fand in Spokane die erste Vatertagsfeier statt, und 1924 ernannte US-Präsident Coolidge den dritten Sonntag im Juni (also nicht den zweiten, wie in vielen Regionen Österreichs) zum offiziellen Vatertag. Bald darauf nahmen die Holländer diesen Impuls auf, wo vor allem Zigarrenfabrikanten den Vatertag bewarben, dann drang die Sache nach Deutschland vor. Hier zog der Vatertag die alten Bräuche von Pfingstgelage und Herrenpartie auf sich, was die kirchliche Tradition der Himmelfahrtstag-Prozession endgültig säkularisierte und die geistliche Erbauung durch die Erquickung mit geistigen Getränken ersetzte.

In den USA feiert man den Vatertag ähnlich dem Muttertag in der Familie, und Daddy erhält Blumen. Bei uns beladen die Möchtegernväter einen Handwagen mit Bier und Schnaps und machen sich wahrlich auf eine Fahrt ins Blaue, um ihre Burschenherrlichkeit zu feiern. So heißt unser deutscher Vatertag zwar nach dem transatlantischen Vorbild, ist aber eine ganz eigene Sache.

Der blaue Montag

Das Unangenehmste am Sonntagabend ist der Montag. Pflicht und Sorgen, Arbeit und Alltag nähern sich wieder und machen die Erwachsenen unruhig, erste Angstschauer durchrieseln die Schüler. Da wünscht man natürlich, den Wochenanfang hinauszuschieben und den Sonntag auf den Montag auszudehnen.

Bereits im Mittelalter erfanden deshalb die Handwerker den gleitenden Übergang zum ersten Werktag. Statt sich ungesäumt auf die Arbeit zu stürzen, trafen sich montags die Meister einer Zunft und hielten ihre sogenannte «Morgensprache», um bei einem guten Geschäftsessen die anstehenden Projekte zu besprechen und mit Alkohol zu begießen.

Was den Herren recht war, konnten sie den Gesellen als den Meistern von morgen billig nicht verwehren. Also erhielten sie das Recht, montags eigene Angelegenheiten zu regeln, statt für den Betrieb ihres Patrons zu arbeiten. «Guter Montag» hieß dieser Tag in Deutschland, und unter verschiedenen Namen war die Sache in Europa weit verbreitet. «Faire de lundi», heißt es auf Französisch, «keep Saint Monday» sagen die Engländer, die ihn gleich zu einer heiligen Person erhoben, «Saint Monday».

Eigentlich sollten die Gesellen Erfahrungen austauschen und sich um ihre Weiterbildung kümmern, doch das Vorbild der Meister war zu verlockend. So bürgerten sich Saufgelage unter den Gesellen ein, mit den üblichen Folgen: Im 16. Jahrhundert klagte der Nürnberger Rat, «daß die gesellen an solchen guten montagen fast durchaus nichts anders dann füllerei, unzucht, verwundungen und andere üble laster geübt und getrieben.»

Seit Mitte des 17. Jahrhunderts nannte man den Montag nicht mehr «gut», sondern «blau». Daß bei den Raufereien der Betrunkenen mancher grün und blau geschlagen wurde oder ein blaues Auge davontrug, förderte diesen Namenswandel, ist aber nicht die Ursache. Die liegt vielmehr im Handwerk der Färber: Wenn sie nämlich Blau machten, waren sie selber blau.

Um blau zu färben, muß man den Farbstoff aus dem Färberwaid durch alkoholische Gärung ausfällen. Die Färber tranken selbstverständlich den kostbaren Alkohol, bevor sie ihn auf die natürlichste Art der Welt in die Färbebottiche gossen. Für den neidischen

Normalbürger aber sah es so aus, als würden die betrunkenen Färber nur herumlungern, statt zu malochen: So wurde das Blaumachen zum Begriff fürs Nichtarbeiten, fürs unentschuldigte Fernbleiben, fürs Schwänzen (abgeleitet vom Verb «schwanken» in der verstärkten Form «schwankezen»).

Seit dem 16. Jahrhundert kam diese blaue Wortbedeutung auch außerhalb des Färbergewerbes in Schwang. Seither kann einem «blau vor Augen» werden, man kann jemandem «blauen Dunst vormachen» und ein «blaues Wunder» erleben: Blau wurde zur Farbe der Sinnesminderung und -täuschung, wie sie mit dem Saufen einhergeht.

Auf einem Fest viel zu trinken, das war, genau wie heute, schon in der Antike und im Mittelalter üblich. Doch niemand kann sorglos feiern, wenn er an die Aufgaben der kommenden Woche denkt. Für den, der dennoch zecht, wird es am nächsten Morgen ein böses Erwachen geben. Deshalb verlängerte die Kirche ihre Feiertage: Ostermontag, Pfingstmontag und der zweite Weihnachtsfeiertag sind Überbleibsel dieser schönen Sitte.

Schon den Römern galt der Tag nach einem Fest als Unglückstag, an dem man am besten keine Arbeit beginnt. Heute denkt man ähnlich und glaubt, daß auf der Montagsarbeit kein Segen liegt, weshalb ein reparaturanfälliger Wagen als «Montagsauto» gilt. Möglicherweise dachte schon Gott so, denn in der biblischen Schöpfungsgeschichte fehlt ausgerechnet für den Montag der Zusatz: «Und es war gut.» Vielleicht hätte er es mit dem blauen Montag versuchen sollen.

Der faule Lenz auf der Bärenhaut

Erst die Arbeit, dann das Vergnügen. Morgen, morgen, nur nicht heute, sagen alle faulen Leute. Ohne Fleiß kein Preis: Lang ist die Liste solcher Sprichwörter und Redensarten, obwohl Mühe und Arbeit, folgt man der biblischen Geschichte von der Austreibung aus dem Paradies, doch eine Strafe sind. Aber offenbar machte man aus der Not eine Tugend, verkehrte das Übel in eine hehre Sache und schmähte das süße Nichtstun: Selbst die herrliche Muße geriet zum parasitären Müßiggang, der aller Laster Anfang ist.

Dabei müssen die arbeitsamen, fleißigen und tüchtigen Deutschen einmal ganz anders gewesen sein. Im 16. Jahrhundert galten sie bei ihren Nachbarn als lebenslustig und vergnügungssüchtig, und im 19. Jahrhundert empörten sich puritanische Ostküstenamerikaner über die deutschen Einwanderer, die den heiligen Sonntag bei Musik, Tanz und Bier verbrachten.

Es gab offenbar Zeiten, in denen die Deutschen, statt in die Hände zu spucken, lieber auf der faulen Haut lagen. Für unsere Vorfahren gehörte das zur Leitkultur. Der römische Geschichtsschreiber Tacitus staunte um 100 n. Chr. über die Faulheit der Germanen: Wenn sie sich nicht gerade «auf Heerfahrt befinden, verbringen sie nur einen kleinen Teil ihrer Zeit mit Jagden, den größeren jedoch mit Ausruhen, indem sie schlafen und essen» – eine schlaraffenähnliche Lebensweise, zu der auch, wie Tacitus berichtet, gehört, daß die Germanen überhaupt «den Schlaf häufig bis in den Tag ausdehnen».

Tacitus schreibt auch, daß die Germanen sich in Felle wilder Tiere hüllten. In der Phantasie der Renaissancemenschen des 16. Jahrhunderts, die die antike Schrift «De Germania» wiederentdeckt hatten, wurden daraus Bärenfelle, und auf solche lagerten sich die faulenzenden Germanen nach ihrer Vorstellung: Deshalb liegt, wer faulenzt, auf der Bärenhaut.

«Die Sorge für Haus und Hof bleibt den Frauen, den Alten und allen Schwachen im Haushalt überlassen», berichtet Tacitus. Das Recht auf Faulheit war ein Privileg der Männer, und insbesondere die Krieger lagen auf der Bärenhaut. Folgerichtig war der «Bärenhäuter», wie er im 17. Jahrhundert genannt wurde, ein Landsknecht und bezeichnete später, weil Soldaten in Friedenszeiten wenig zu tun haben, einen Faulpelz.

Wie beim «Bärenhäuter» könnte beim «Faulpelz», der schon im 13. Jahrhundert so beschimpft wird, das Wort für das Fell auf den, der sich untätig darauf lagert, übergegangen sein. Ein J. Maaler notierte allerdings schon im Jahr 1561 als Erklärung: «Faul werden und von feule ein belz überkommen»; danach wäre der Faulpelz also eigentlich eine Schimmelschicht, dem «faulen Aas» wesensverwandt und dann, wie dieses, auf träge Leute angewandt worden.

Die machen sich zum Beispiel einen faulen Lenz. Auch wenn das im Frühling besonders angebracht scheint, mit der Jahreszeit hat das nichts zu tun: Der Lenz ist hier nur die Kurzform des einstmals häufigen Vornamens Lorenz. Wenn der zum Inbegriff für Faulheit werden konnte, muß sie weit verbreitet gewesen sein.

Das Gammeln war und ist eben eine angenehme Sache. Das sagt bereits das Wort, denn es stammt vom althochdeutschen «gaman» ab, das heißt «Lust». Die hatte auch Karl Marx' Schwiegersohn Paul Lafargue im Sinn, als er «das Recht auf Faulheit» proklamierte, als «Widerlegung des Rechtes auf Arbeit». Bis heute sehen das viele genauso: «Besser gut ausruhen, als schlecht arbeiten.» «Die Arbeit ist wunderschön – stundenlang kann man ihr zusehen.» «Hoch die Arbeit, daß keiner dran kann!» Ganz gegen das Klischee vom emsigen Deutschen ist auch die Liste solcher Redensarten erstaunlich lang.

Wir Parasiten

«Ora et labora», bete und arbeite, predigten einst Kirche, Staat und Bürgertum, obwohl doch Jesus das süße Nichtstun der Lilien auf dem Felde gelobt hatte und Gottvater höchstselbst dem zu seinem Ebenbild geschaffenen Menschen das erhabenste Beispiel klassischer Faulheit gibt: Nach sechs Tagen Arbeit ruht er auf ewig aus. Nichtsdestoweniger eifern viele Menschen emsig dem gegenteiligen Ideal nach. «Von der Decke bis zur Diele / Muß der Schweiß herunter rinnen, / Willst gelangen du zum Ziele, / Wohlverdienten Preis gewinnen», dichtete im 19. Jahrhundert Friederike Kempner, der schlesische Schwan der unfreiwilligen Komik.

Das Individuum, das die Arbeit scheut und auf Kosten der Gemeinschaft lebt, darf der allgemeinen Verachtung sicher sein: Es gilt als Parasit und Schmarotzer. Zwar nimmt man diese Worte in ihrem nicht biologischen, sondern asozialen Sinn heute öffentlich nicht mehr in den Mund, doch sind sie im Bewußtsein präsent geblieben: Arbeitsunwillige Sozialhilfeempfänger, die sich in der Hängematte des Wohlfahrtsstaats räkeln, Faulpelze, die nicht arbeiten, aber essen wollen, Gammler und Tagediebe, die anderen Leuten auf der Tasche liegen, Bettler, die Geld für nichts haben wollen, gelten unausgesprochen als Parasiten und Schmarotzer.

Womöglich ist der «Bettler» sogar die ursprüngliche Wortbedeutung des «Schmarotzers». Das Verb «schmarotzen», das früher «schmorotzen» und «schmarutzen» lautete, könnte entstanden sein aus der Zusammenziehung von «schnorren» und dem spätmittelalterlichen «mutzen», das eigentlich «abschneiden» bedeutete, aber den Sinn von «erheucheln, schmeicheln» annahm.

Zugleich vermittelt das Wort «Schmarotzer» aber eine Ahnung von einem beneidenswert guten Leben, weil der fette «Schmer» und die Verben «schmatzen» und «atzen, etzen, otzen» (essen, füttern) hineinspielen: Der Schmarotzer ist demnach kein armer Teufel, sondern jemand, der wie die Made im Speck zu leben versteht. Ähnlich gut hatte es einst der menschliche Parasit in der Gesellschaft.

Im Griechenland des Altertums stand er in Ansehen und war ein Tischgenosse der Götter: Der Parasit war ein Priester, der die zum Opfer bestimmten Speisen bei den Bürgern einsammelte, sie der Gottheit darbrachte und stellvertretend für die Gemeinde verzehrte. Auch jene Ehrenbürger Athens, die sich um das Gemeinwesen verdient gemacht hatten und deshalb lebenslang auf Staatskosten verpflegt wurden, zählten dazu.

Selbst als der Parasit zum «Mitesser» – so die deutsche Wortbedeutung nach griechisch «para» (neben) und «sitos» (Speise) – am Tisch eines Reichen herabgesunken war, genoß er als geistvoller Unterhalter einen gewissen Ruf; zudem konnte er sich als Künstler und Philosoph verdient machen und war keineswegs ein bloßer Nichtsnutz. Arbeiten war in der Antike sowieso Sklavensache und eines Freien unwürdig. Noch Jesus' Lob der faulen Lilien auf dem Felde zeugt davon, daß Muße, nicht Maloche das Ideal war.

In der Neuzeit änderte sich das drastisch. Nach einem Umweg über die Biologie, wo man die Mistel, die Laus, die Trichinen und die Bakterien als Parasiten enttarnt hatte, weil sie ihre Nahrung einem anderen Lebewesen zu dessen Schaden entnehmen, kehrte der Ausdruck in die Soziologie zurück und wurde zum politischen Schlagwort, das im 20. Jahrhundert auf Menschen übertragen wurde. Asoziale Parasiten und dem Volkskörper gefährliche Schädlinge galt es auszumerzen, wobei Nationalisten und Antisemiten analog zur Hygiene, die die Bazillen abwehren sollte, «Rassenhygiene» forderten. Im Ersten Weltkrieg hatte man verlauste Armeekleidung mit Blausäure desinfiziert. Deren Weiterentwicklung war das Zyklon B.

Offenbar geht die wirkliche Gefahr für die menschliche Gesellschaft weniger von irgendwelchen Parasiten aus als von den Parasitenfeinden. Wer «Parasit» sagt oder denkt, weckt exterminatorische Phantasien. Wenn Neonazis ihre Gegner als «Zecken» beschimpfen, weiß man Bescheid, und auch das berüchtigte Wort über linke Intellektuelle als «Ratten und Schmeißfliegen» offenbart, wes Geistes Kind Franz Josef Strauß war.

In der Biologie allerdings befindet man sich jenseits der Kategorien von Gut und Böse. Vielmehr gehört das Parasitentum untrennbar zum Dasein. Das zeigt nicht nur ein Blick auf eine aktuelle Wissenschaft, die Gentechnik; der größte Teil der menschlichen DNS ist Datenmüll, fünf Sechstel der Erbsubstanz sind untätig und lassen den Rest die ganze Arbeit tun. Mehr noch, alles Leben selbst ist im Grunde parasitär, denn es zehrt von anderem Leben. Das nächstliegende Beispiel ist der Mensch selbst, der Pflanzen und Tiere vertilgt und den Planeten nach seinen Vorstellungen formt und deformiert.

Der richtige Parasit aber schont seinen Wirt. Vielleicht sollte der Mensch, statt ihn zu verteufeln, ihn zum Vorbild wählen. Ein bißchen weniger Arbeit und etwas mehr Faulheit für alle wäre die löbliche Nebenwirkung: «Das Recht auf Faulheit», das Paul Lafargue vor über hundert Jahren, 1883, proklamierte, könnte die Parole der Zukunft sein. Lafargue sah in der Maschine den eigentlichen, irdischen «Erlöser der Menschheit» und forderte die gleichmäßige Verteilung der unumgänglichen Schufterei auf drei Stunden am Tag. Das ist heute, wo es immer mehr Arbeit für immer weniger Leute gibt, nicht von gestern. Die Forderung mag unpraktikabel und wirklichkeitsfremd klingen; aber das spricht womöglich nur gegen die Wirklichkeit.

Moneten von Gott und Kohlen aus der Unterwelt

«Im Deutschen reimt sich *Geld* auf *Welt*», notierte vor über zweihundert Jahren Georg Christoph Lichtenberg: «Es ist kaum möglich, daß es einen vernünftigern Reim gebe; ich biete allen Sprachen Trotz!» Geld regiert die Welt, das ist heute ebenso eine Binse wie der Hinweis auf die Bibel, daß man sich entweder für Gott oder den Mammon entscheiden muß. «Wer Geld lieb hat, der bleibt nicht ohne Sünde», behauptete vor Jesus von Nazareth schon Jesus Sirach (Kapitel 31, Vers 5); einigermaßen überraschend sind aber die katholische und die evangelische Kirche die beiden reichsten Unternehmen Deutschlands: Zusammen beläuft sich ihr Vermögen auf 500 Milliarden Euro.

Andererseits folgen die christlichen Kirchen damit einer altehrwürdigen Tradition, denn Geld stand von Anfang an in intimer Beziehung zum Sakralen. Die Römer prägten ihren Münzen die launische Schicksalsgöttin Fortuna auf, christliche Herren stanzten das Kreuz ein, wovon der Kreuzer seinen Namen hat, und preußische Taler trugen die Umschrift «Gott mit uns». Noch heute verzieren islamische Staaten ihr Geld mit Koransprüchen ebenso wie die USA ihre Dollarscheine mit dem treuherzigen Aufdruck «In god we trust».

Die Prägestätten des Altertums befanden sich in der Obhut der Priester, und Tempeldiener schlugen die «Münzen» alias die «Moneten», die bis heute den Stempel dieser Herkunft tragen: Auf dem römischen Kapitol erhob sich das Heiligtum der Staatsgöttin Juno mit ihrer Münzwerkstatt. Die Juno trug den Beinamen «Moneta», das heißt: die Mahnerin. Das appellierte an Moral und Sitte; doch wie im modernen Leben, wo die Mahnung ihren Platz vor allem im Rechnungswesen hat, bekam die «Moneta» bald pekuniären Sinn, nahm die Bedeutung «Münzstätte» an und wurde dann zum Wort für die dort geprägten «Münzen» selbst, für die «Moneten» und auch das englische «money».

Geschmiedet und geformt in der Glaubenswelt der Antike, spielt das Geld bis heute seine Rolle im Aberglauben. Omen und Orakel knüpfen sich daran: Wer eine Münze wirft, um Adler oder Zahl entscheiden zu lassen, befragt eine höhere Macht nach ihrem Urteil. In der Antike opferte man den Quellnymphen, um sie freundlich zu stimmen, heute schmeißen Romtouristen Münzen in die Fontana di Trevi, damit das Schicksal ihnen einen Herzenswunsch erfülle. Als Amulett um den Hals oder als Talisman in der Tasche getragen, wehren Münzen und Medaillen, diese ganz besonderen Nachfahren des sakralen Geldes, das Böse ab und ziehen das Gute an. Solche magnetische Wirkung soll auch der «Glückspfennig» entfalten, den man im Portemonnaie behält und der einen speziellen Verwandten im Kaufmannsladen hat, wo immer eine Münze in der Kasse liegen sollte, um neues Geld anzulocken.

Geld ist lebenswichtig. Um mit seiner existentiellen Schwere nicht noch das Gemüt zu belasten, verballhornte man scherzhaft viele Wörter. So verwandelte man die venezianische «Zecchino», eine Goldmünze des 13. Jahrhunderts, in die deutschen «Zechinen» (deren Klang bereits anzeigt, daß sie dazu nütze sind, die Zeche zu begleichen); aus den wertvollen florentinischen Gulden, abgekürzt Florins, wurden sogar die paar «Flöhe», belangloses Kleingeld.

Wenig respektvoll sind auch die «Kohlen». Sie entstammen nicht mehr der lichten göttlichen Sphäre, sondern kommen von ganz unten. Ihre Farbe ist, wie die schwarzen Schafe, der Schwarzmarkt und der Schwarzhandel bezeugen, dem Bösen, Heimlichen und Illegalen verbandelt. «Schwärzen» hieß im Ganovenjargon «schmuggeln», weil man es bei Nacht tat, der rotwelschen «swarze». Nachts bleiben alle finsteren Machenschaften im Dunklen – man sieht sie nicht. In diese Unterwelt, die das Tageslicht scheut, gehören auch die Schattenwirtschaft, das Schwarzkonto und eben das Schwarzgeld alias die Kohlen, die aus einer Formulierung wie «kohlschwarzes» Geld hervorgegangen sein könnten. Erst die Geldwäsche sorgt dafür, daß schwarzes, aus dunklen Kanälen stammendes, in schmutzigen Geschäften erworbenes Geld sauber wird.

Mancher Saubermann ist in Wahrheit ein Dunkelmann, der Schmiergeld nimmt. Das klingt nach Schmieröl, und vielleicht war es in der Postkutschenzeit üblich, daß ein eiliger Passagier dem Fuhrmann Geld gab, damit der eine Extraration Fett kaufte und die Räder ölte. Dann ging es wahrlich wie geschmiert – wer Schmiergeld zahlte, kam schneller voran.

Doch jemanden zu schmieren, war bereits gang und gäbe, bevor im 15. Jahrhundert die ersten Kutschen die Landstraßen befuhren. Im Sprachgebrauch des Mittelalters hieß es freilich nicht Öl oder Fett, sondern Salbe: «Pfennincsalbe wunder tuot, / si weichet manegen herten muot (manchen harten sinn)», reimte der Spruchdichter Freidank im 13. Jahrhundert. «Dem Richter die hend schmieren oder salben», rät 1546 der Schwankautor Johannes Pauli. Und heute –

– doch bevor nun der Text an dieser heiklen Stelle zu knirschen beginnt, ist er, gut geschmiert, schon am Ziel: Ende!

Der Bursche aus der Burse füllt seine Börse an der Börse

«Kaufen und verkaufen gilt jetzt als gemein wie die Kunst des Lesens und Schreibens; jeder», konstatierte Friedrich Nietzsche vor 120 Jahren, «ist jetzt darin eingeübt, selbst wenn er kein Handelsmann ist, und übt sich noch an jedem Tage in dieser Technik: ganz wie ehemals, im Zeitalter der wilderen Menschheit, jedermann Jäger war und sich Tag für Tag in der Technik der Jagd übte. Damals», so Nietzsche, «war die Jagd gemein», heute aber, so darf man fortsetzen, ist es die Jagd nach dem Geld.

Wer zu viel Geld kommen will, muß sich die geeigneten Jagdgründe suchen. So manchen Burschen treibt die Aussicht auf einen schnell gefüllten Geldbeutel an die Börse – und sprachgeschichtlich gehören sie sowieso zusammen, sind doch Bursche, Börse und Geldbörse vom selben Stamme Nimm.

Der Urahn dieser Sippe ist das über die Ohren gezogene Fell, das Leder, griechisch «byrsa». Daraus fertigte man beispielsweise einen Geldbeutel, lateinisch «bursa», woraus im heutigen Deutsch die Geld-»Börse» wurde, aber auch die Burse und der Bursche.

Die Burse ist ein Studentenheim. Heute wohnt dort jeder der angehenden Akademiker für sich, früher aber bestritt die studentische Gemeinschaft ihre Kosten aus einer kollektiven Kasse, eben der Bursa oder Burse. Von ihr hat diese frühe Studenten-WG ihren Namen, und ihre Bewohner nannte man landschaftlich verschieden Burßgesell, Bursant, Mitbursch und, im 17. Jahrhundert: Bursche. Damit ging der Begriff, der ursprünglich ein Kollektiv bezeichnete, auf dessen einzelnes Mitglied über. Der «Bursche» blieb jedoch nicht auf den Angehörigen einer studentischen Verbindung, eben einer Burschenschaft, beschränkt, sondern ging auch auf junge Handwerker und Soldaten über und meinte schließlich jeden jungen Mann, unabhängig von seinem Beruf.

Gut, wenn ein Bursche Geld in der Börse hat, dann steht ihm die Welt offen. Gleich drei Geldbörsen führte in Brügge die Kaufmannsfamilie van de(r) B(e)urse in ihrem Wappen (der Name ist in mehreren Schreibweisen überliefert). Die flandrischen Städte im allgemeinen und besonders Brügge waren im Spätmittelalter eine Drehscheibe des Fernhandels. Von weit her kamen Geschäftsleute, um sich im Haus der Familie B(e)urse oder auf dem Platz davor zu treffen und Abschlüsse zu tätigen. Offenbar war der Zustrom so groß, daß man schließlich ein eigenes Gebäude für diese Zusammenkünfte errichtete und nach der Familie benannte: 1409 wurde die erste Börse der Welt in Brügge gegründet.

Anders als bei einer Verkaufsmesse handelt man auf einer solchen Börse mit Gütern, die nicht am Ort selbst präsentiert, übergeben und bar bezahlt werden. Das ist für die Kaufleute bequem und im Fernhandel sinnvoll. Doch Geschäfte, bei denen weder Geld noch Gut zu sehen sind, können leicht vom Boden der Tatsachen abheben. Wie groß der Abstand zwischen den ausgehandelten Preisen und dem Nutzwert der Waren werden kann, führte erstmals das holländische Tulpenfieber vor Augen.

Mitte des 16. Jahrhunderts war die orientalische Blume vom Hof Sultan Suleymans des Prächtigen nach Mitteleuropa gelangt. In den folgenden Jahrzehnten begannen die Holländer, neue Sorten zu züchten und zugleich einen Markt dafür zu schaffen. Sie waren so erfolgreich, daß um 1620 der Preis für Tulpenzwiebeln an der Börse von Haarlem bei Amsterdam steil in die Höhe zu klettern begann, bis er endlich jede Bodenhaftung verlor: 1637 kostete eine einzelne Zwiebel den Preis von 10000 Gulden. Zum Vergleich: Ein Handwerker verdiente drei Gulden die Woche.

Dem Handel war die Berührung mit dem realen Gegenstand anhanden gekommen, der Preis für die Knolle hatte keine Erdung mehr. Worum es sich bei dem Objekt der Geldgier wirklich handelte, ließ auf dem Höhepunkt des Börsenfiebers allenfalls eine Anekdote wie diese ahnen: Einem Matrosen fiel eine Tulpenzwiebel der Sorte Semper Augustus in die Hände, die so viel wert war wie ein Amsterdamer Stadthaus in bester Lage mit Garten und Kutschenstall. Der Matrose aber hielt sie für eine Gemüsezwiebel und aß sie mit Brot.

Nichtsdestoweniger drängt es die Leute bis heute an die Börse, erobert die Marktwirtschaft die letzten Winkel des Globus, funktionieren immer mehr Bereiche des Menschenlebens nach den Regeln von Kaufen und Verkaufen. Die Jagd nach Geld ist alltäglich geworden, aber vielleicht büßt auch sie einmal ihre existentielle Notwendigkeit ein. Um an Nietzsche anzuknüpfen: Wie die Tierjagd «den Charakter der Alltäglichkeit und Gemeinheit verlor – dadurch, daß sie aufhörte notwendig zu sein und eine Sache der

Laune und des Luxus wurde –: so könnte es irgendwann einmal mit dem Kaufen und Verkaufen werden. Vielleicht, daß dann einzelne, welche dem Gesetze des allgemeinen Zustandes weniger unterworfen sind, sich das Kaufen und Verkaufen wie einen *Luxus der Empfindung* erlauben.»

Der Silberblick nach Gold

Ob die fieberhafte Suche spanischer Abenteurer nach dem Goldland Eldorado oder der Goldrausch in Kalifornien 1848, kein anderes Metall mobilisiert die Menschen so wie Gold. Die Ägypter des Altertums trieb die Gier südwärts in die Einöde Nubiens, das seinen Namen dem ägyptischen Wort für Gold verdankt, «nub». Das Alte Testament berichtet vom Goldland Ophir, das wohl am südlichen Roten Meer lag und dessen Name nicht nur im Volk der Afar in Nordäthiopien fortlebt, sondern vielleicht sogar auf den ganzen Kontinent überging, Afrika. Die Griechen erzählten sich die Sage vom Goldenen Vlies, um dessentwillen Iason und die Argonauten bis nach Kolchis, einer Landschaft im Westen des heutigen Georgien, segelten und unzähligen Gefahren trotzten.

Daß Gold wertvoller ist als Silber, scheint sonnenklar. Doch es war einmal umgekehrt, weil Silber, anders als Gold, nicht rein vorkommt, sondern mit Zinn, Zink, Blei und anderen Mineralien vermischt ist. Von ihnen muß es durch Schmelzen geschieden werden. Dieser Arbeit verdankt es seinen Namen: Er stammt aus einer Sprache Kleinasiens, wo das Edelmetall erstmals aus silberhaltigen Bleierzen geläutert wurde, und bedeutet «das Geschmolzene».

In jener Gründerzeit hätte man sein Gold wohl versilbern mögen. Silber ist jedoch zwanzigmal häufiger als Gold, zudem dürften Fortschritte in der Verhüttung die Arbeit verbilligt haben, weshalb das gelbe Metall schließlich wieder kostbarer wurde. Die antike Theorie von den vier Weltaltern führt die normale Rangfolge sinnfällig vor Augen: Dem Goldenen Zeitalter des Friedens und des Glücks folgten, mehr und mehr geprägt von Krieg, Kriminalität und Unmoral, das Silberne, das Bronzene und endlich das Eiserne – die Gegenwart.

Anders als der moderne Glaube an den Fortschritt lehrte diese Sicht eine abwärts gerichtete Entwicklung und brachte sie auf den metallenen Begriff. Zwar läßt sich darüber streiten, ob die Menschheit wirklich immer tiefer sinkt. Sachlich richtig ist jedenfalls die historische Reihenfolge hinsichtlich der Metallverarbeitung, vom bereits vor mehr als 7000 Jahren geschätzten Gold über Silber (als Münzmetall um 2500 v. Chr. in Gebrauch) und Bronze (erstmals Ende des dritten Jahrtausends v. Chr. aus Kupfer und Zinn gegossen) bis zum Eisen, das im ersten vorchristlichen Jahrtausend zum bevorzugten Rohmaterial für Werkzeuge und Waffen avancierte.

Gold glänzt gelb wie die lebensspendende Sonne, was einen guten Teil der Faszination erklären mag. Tatsächlich geht das Wort «Gold» auf die gleiche Wurzel wie das Farbwort «gelb» zurück. (Mit «Geld» hat es dagegen nichts zu tun, das kommt vom Verb «gelten», was ursprünglich «opfern» bedeutete, dann «entrichten» und später «vergüten, bezahlen» meinte, wie im «Entgelt».) Der Silberglanz wiederum ähnelt dem metallischen Mondlicht oder auch dem sprichwörtlichen Silberstreifen am Horizont, jenem ersten Lichtschimmer am frühen Morgen, der im übertragenen Sinn das erste Zeichen einer Besserung darstellt.

Nur mehr im uneigentlichen Sinn geläufig ist auch der Silberblick. Heute denkt man an das beim Schielen sichtbare Weiß der Augäpfel. Ursprünglich bezeichnete er den Moment, wenn beim Läutern des Silbers plötzlich der helle, weißliche Glanz aufblitzt; das Verb «blicken» ist verwandt mit «blecken», wenn jemand seine weißen Zähne zeigt.

Gold und Silber sind wertvoll, aber weich, lassen sich leicht verformen und eignen sich gut zur Schmuckherstellung und Geldprägung. Die ersten Münzen der Welt, die im 7. Jahrhundert v. Chr. in Kleinasien ausgegeben wurden, waren aus Gold, Silber oder Elektron, einem Goldsilbergemisch, so benannt nach seiner Bernsteinfarbe – griechisch «elektron» heißt Bernstein.

Der römische Denarius und sein mittelalterlicher Nachfolger, der karolingische Pfennig, bestanden ebenso aus Silber wie der Taler, der im 16. Jahrhundert in Umlauf kam. Aus Gold waren der antike Solidus, der bis 1453 im oströmischen Byzanz kursierte und «das Gediegene», «das Feste» sehr solide schon im Namen führte, ebenso wie seit dem Spätmittelalter die Dukaten aus Venedig und die Gulden aus Florenz.

Bis ins 20. Jahrhundert hinein entsprach der Wert einer Münze dem Preis des darin enthaltenen Metalls. Heute repräsentiert das Geld nur den aufgedruckten oder aufgeprägten Wert, und die Staatsbank muß auch nicht länger den Gegenwert in Goldreserven lagern. Die letzte dieser Goldwährungen war der US-Dollar, dessen Golddeckung erst 1971 aufgehoben wurde.

Eine schleichende Inflation und Geldentwertung gibt es nicht erst heute. Schon die Antike und das Mittelalter kannten sie. Ein drastisches Beispiel dafür, wie sich der Geldverfall auch in der Sprache spiegelt, ist ausgerechnet der scheinbar solide Solidus, der noch jahrhundertelang im französischen Sou weiterlebte, zuletzt aber nur noch eine Fünf-Centime-Münze bezeichnete. Allerdings geht die Sprache auch den umgekehrten Weg: Ein As war zuerst eine römische Münze; zehn As ergaben einen Denarius (davon hat der seinen Namen, denn lateinisch «deni» heißt «je zehn»). Vom As als kleinster Münzeinheit führte der Weg zum As als kleinster Zahl im Würfelspiel, nämlich der Eins. Dann ging das Wort über aufs Kartenspiel, wo es die höchste Karte ist, und drang schließlich in die Sportwelt ein, wo das As einen Spitzenathleten bezeichnet und speziell im Tennis den unerreichbaren Aufschlagball, gewissermaßen die kleinste, kürzeste Einheit eines Ballwechsels.

Der zur Römerzeit maskuline, erst später zum Neutrum gewandelte As war eine Kupfermünze. Auch der Pfennig, der im Spätmittelalter aus immer schlechterem Silber gemünzt wurde, bestand seit dem 17. Jahrhundert nur noch aus Kupfer, ähnlich wie heute die kleinen Centmünzen. Die letzte deutsche Silbermünze war das Fünfmarkstück von 1974. Seither wird Silber allenfalls für Gedenkmünzen verwendet, während Gold ganz unüblich geworden ist.

Gewöhnliches Hartgeld besteht aus Kupfer, Nickel, Aluminiumbronze und anderen Leichtmetallen. Sehr arme Staaten verwenden auch Zink und Eisen. Mit solchem Geld reich zu werden, davon kann man allenfalls träumen, ähnlich wie jene Eroberer, die in Südamerika «das vergoldete Land», el dorado pais, suchten und nicht fanden. Die Wirklichkeit ist eben nicht das Land der Träume: «Nach Golde drängt, / Am Golde hängt / Doch alles», reimte Goethe und seufzte: «Ach wir Armen!»

Morgenstund' hat Gold in der Mund

Gold ist schön, wertvoll und begehrt. Das hat sich auch in der Sprache niedergeschlagen: Wer die richtige Lösung eines Problems sucht, wählt am besten den goldenen Mittelweg, der zwischen den Extremen hindurchführt. Wer einen Gegner für seine Sache gewinnen will, baut ihm eine goldene Brücke, damit er bequem zu uns herüberkommt. Treu wie Gold, symbolisiert im Ehering, ist der ideale Lebenspartner. Die einen haben Gold in der Kehle und können ihre Stimme in klingende Münze verwandeln. Andere werden dank ihrer reichen Eltern mit einem goldenen Löffel im Mund geboren und haben im Leben immerzu Glück. Wer den richtigen Riecher im Geschäftsleben hat, kann sich eine goldene Nase verdienen, und wer trotz aller Rückschläge einigermaßen über die Runden kommt, kann unverdrossen den Titel eines Romans von Walter Kempowski zitieren: «Uns geht's ja noch gold».

Selbst lästige Dinge erscheinen durch das gelblich glänzende Metall plötzlich in einem lockenden Licht: «Morgenstund' hat Gold im Mund», behauptet das Sprichwort und versüßt dem Morgenmuffel die saure Pflicht des frühen Aufstehens und zeitigen Arbeitsbeginns durch Hinweis auf den zu erwartenden reichen Lohn.

Ob ein Frühaufsteher mehr leistet als ein Nachtmensch, ist zwar strittig, und ob das Sprichwort recht hat, daher fraglich. In jenen finsteren Zeiten indes, als es kein elektrisches Licht gab und man am besten vom ersten Hahnenschrei bis Sonnenuntergang arbeitete, hatte es Sinn.

Möglicherweise entstammt das groteske Bild vom Gold im Mund der Stund' der antiken Glaubenswelt, denn die Römer personifizierten die Morgenröte als Göttin Aurora und stellten sie sich mit Gold in Haar und Mund vor. Vielleicht gab es sogar eine lateinische Vorform des deutschen Sprichworts, die die klangähnlichen Worte «aurora», «aurum» (Gold) und «hora» (Tagesstunde) sprachspielerisch zusammenbrachte.

Einen Beleg gibt es dafür allerdings nicht. Fest steht dagegen, daß der Mund des Sprichworts gar kein Mund ist. Richtig müßte es nämlich «die» Mund heißen. Sie rührt vom germanischen Wort für die Hand her, dem weiblichen Substantiv «mundo». Wer seine

Hand über jemanden hält, beschützt ihn: So nahm die «munt» im Mittelalter die Bedeutung «Schutz» an, und der Schützling war das «Mündel», das seinem «Vormund» unterstand, bis es selber «mündig» war. Dann hat der einstige Schutzbefohlene sich selber in der Hand, sein Schicksal steht in seiner eigenen Macht. Der «Mund» des Sprichworts meint also Macht, soll heißen: Die Morgenstunde lockt machtvoll mit dem Gold in ihrer Hand und verheißt es dem, der früh aufsteht und ans Tagewerk geht.

Trotz aller Wertschätzung reicht diese Macht des Goldes manchmal nicht aus, um den mündigen Menschen aus dem Bett zu holen. Derb schallt dem frisch-fromm-fröhlich-unfreien Weckruf «Morgenstund' hat Gold im Mund» dann entgegen: «– und Blei im Arsch.»

Der Dagobert Duck der Antike

«Reich zu sein hat – wie vielleicht einige von uns wissen – nicht nur Nachteile», sagte einmal der Komiker Herbert Feuerstein. Ein Vorteil besteht zum Beispiel darin, daß man mit seinem Gut Gutes tun und von seinem Vermögen jemandem abgeben kann. Ein solcher Jemand war im ersten vorchristlichen Jahrhundert der lateinische Dichter Quintus Horatius Flaccus, der mit 27 Jahren im Wortsinn seinen Mäzen fand: den reichen Gaius Cilnius Maecenas. Der nahm Horaz, welcher als kleiner Angestellter der römischen Finanzverwaltung seinen Lebensunterhalt verdiente, in seinen Förderkreis von Gelehrten und Poeten auf und schenkte ihm nahe Rom ein Landgut mit fünf Pächterfamilien und acht Sklaven. Fortan, so verkündete Horaz stolz in einem Gedicht, führte er ein sorgenfreies Leben: «Bis gegen neun bleib ich liegen; drauf geh ich spazieren; ich lese / oder ich schreibe mit stillem Behagen; dann salb ich mit Öl mich», und «bald dann genieß ich zu Hause die Muße.» Mit Behagen wird auch Mäzenas die Verse seines Schützlings gelesen haben, denn mit dem Öl wohlriechender Verse salbt ihn, den etruskischen Adligen, sein guter Horaz: «Von allen lydischen Siedlern, die je in etruskischen Landen / wohnten, ist keiner von edlerer Abkunft als du, mein Maecenas».

Heute rückt an die Stelle des klassischen Mäzens der moderne Sponsor, bei dem es sich meistens um eine Firma handelt. Im antiken Rom war er ein Bürge, der mit seinem Geld für einen anderen einstand – das zugrundeliegende lateinische Verb «spondere» bedeutet «versprechen, verpflichten». Daß man auch mit anderem als schnödem Mammon bürgen kann, nämlich mit seiner Liebe, davon zeugen im Deutschen der oder das «Ehegespons» (der Bräutigam bzw. die Braut) sowie das liebliche «Gspusi», welche beiden Worte sich ebenfalls dem lateinischen Tätigkeitswort verdanken.

Sein oder nicht sein, darauf antwortet das Ehegespons mit Ja. In Gelddingen aber lautet die Frage: Haben oder nicht haben. Keine Frage war das allerdings für den sprichwörtlichen Krösus, der im sechsten vorchristlichen Jahrhundert über das kleinasiatische Lydien herrschte. Sagenhaft reich durch Tribute, Steuern und Bodenschätze, war Krösus der Dagobert Duck der Antike, der sein Geld und Gold in riesigen Speichern hortete und stolz seinen Besuchern vorführte.

Geld macht glücklich, glaubte Krösus, doch der griechische Philosoph und Staatsmann Solon warnte ihn: «Vor dem Ende eines Menschen», so seine tiefsinnigen Worte, «muß man sich hüten, ihn glückselig zu nennen.» Mit gewaltigen Geschenken an das Orakel von Delphi glaubte Krösus, sich die Gunst der Götter zu sichern. Als er das Orakel befragte, ob er sich gegen das mächtige Persien rüsten solle, erhielt er den Bescheid: «Wenn du den (Grenzfluß) Halys überschreitest, wirst du ein großes Reich zerstören.» Daraufhin zog Krösus 547 v. Chr. in den Krieg, wurde prompt vom Perserkönig Kyros II. besiegt und verlor sein Reich. Der Sieger bewies jedoch Großmut und setzte Krösus als Statthalter der weitgehend autonomen persischen Provinz Lydien ein. Solon behielt unrecht: Einer mit Geld hat am Ende noch Glück im Unglück.

Der Pfingstochse begrüßt den Sommer

Im Winter lebt der Mensch auf Sparflamme, im Frühling läuft er langsam warm, und im Sommer kommt er richtig auf Touren. Mitte Mai, spätestens Anfang Juni ist es soweit: Dann hat die Sonne endgültig die Kälte und Dunkelheit vertrieben, und das muß gefeiert werden. In dieser Tradition steht Pfingsten. «Grünes Fest» nennen es die Polen, und auch wir denken zur Pfingstzeit an die endlich lebenstrotzende, sommerlich üppige Natur. «Pfingsten, das liebliche Fest, war gekommen: es grünten und blühten / Feld und Wald», heißt es in Goethes Tierepos «Reineke Fuchs».

Seit dem Mittelalter feierten die jungen Leute auf dem Dorf und die Gesellen in der Stadt mit Musik und Tanz ihr «Pfingstgelage». Der Frankfurter «Wäldchestag» am Pfingstdienstag geht auf ein solches jahrhundertealtes Handwerkerfest zurück. Tradition haben auch Umritte wie der «Pfingstritt» in Kötzting im Bayerischen Wald, Flurbegehungen wie die «Kleine Kreuztracht» im westfälischen Coesfeld und Brunnenfeste wie in Schwäbisch Hall und im nordhessischen Bad Sooden-Allendorf.

Entstanden sind diese, heute in Fremdenverkehrsattraktionen verwandelten Bräuche vom 15. Jahrhundert an. Sie erinnern an historische Anlässe – so die Kleine Kreuztracht, die der Befreiung von hessischer Besatzung im Dreißigjährigen Krieg gedenkt; oder sie waren von Anfang an christlich geprägt wie das Bad Soodener Brunnenfest, eine kirchliche Dankfeier für die heilbringenden Salzquellen. Um Überbleibsel heidnischer Vegetationskulte handelt es sich kaum einmal. Aus vorchristlicher Zeit stammt allenfalls der sprichwörtliche Pfingstochse.

Behangen mit Bändern und Kränzen und die Hörner bemalt, schritt er früher der Herde voran, die auf die Gemeindewiese oder, in Süddeutschland, auf die höher gelegene Sommeralm geführt wurde. In einigen norddeutschen Gebieten erwartete ihn statt der Weide das Schlachtmesser: Der Metzger führte den Ochsen (der auch eine «Pfingstkuh» sein konnte) vor Pfingsten durch den Ort, und die an einem Festtagsbraten interessierten Kunden banden dem Rindvieh ein buntes Taschentuch ums Gehörn oder eine Girlande um den Schwanz.

Gewiß drückt sich im schrillen Putz des Ochsen auch die allgemeinmenschliche Freude über den in Farben schwelgenden Sommer aus: Doch der Sinn für Schönheit, die Lust am Leben, der Genuß guten Essens waren zumindest in den alten Zeiten, als das Glauben noch geholfen hat, nicht sich selbst genug, man brauchte religiöse Zusatzstoffe. Das heißt, der Pfingstochse gehörte als eine Art heilige Kuh oder hohes Opfer einst zu einer kultischen Zeremonie. Die Römer praktizierten jedenfalls einen verwandten Brauch: Sie schmückten ihre Opferstiere mit bestickten Wollbändern um den Bauch und bunten Schnüren um die Hörner und trieben sie über das Forum in den Tempel zur Opferung, vulgo Schlachtung.

Im Dank an Gott für das Geschenk der Natur wurzelt letztlich auch das christliche Pfingsten. Noch der protestantische Lyriker Rudolf Alexander Schröder ließ es deshalb in seinem Gedicht «Zu Pfingsten» nicht beim Lobpreis der Schöpfung bewenden, sondern forderte vom Leser: «Es ist soweit, / leg hurtig an dein bestes Kleid / und geh Gott danken!»

Pfingsten nahm heidnische Bräuche und Vorstellungen auf, doch es ist eine christliche Feier; und ähnlich wie Ostern, das auf das jüdische Pessach zurückgeht, wurzelt Pfingsten im jüdischen Schawuot. Im Neuen Testament ist von Pfingsten dreimal die Rede, und stets ist das jüdische Fest gemeint.

Wie Schawuot wird Pfingsten sieben Wochen nach Ostern bzw. Pessach gefeiert. Daher der Name: Pfingsten kommt aus dem Griechischen, der Sprache des Neuen Testaments, und stammt vom Zahlwort «pentekoste» ab, auf deutsch: «der fünfzigste» (ergänze: Tag nach Ostern).

Schawuot war ursprünglich ein Dankfest, auf dem die Bauern Mehl oder Brot aus der ersten Weizenernte Gott darbrachten. Anfangs taten sie das in ländlichen Heiligtümern, später entwickelte sich Jerusalem zum Kultmittelpunkt, der Juden von weither anzog. Aus diesem Grund war die Stadt von Pilgern aus dem Mittelmeerraum und Vorderasien überlaufen, als der Heilige Geist über die Jünger Jesu kam und sie in fremden Sprachen zu predigen meinten.

Beim Zungenreden, der Glossolalie, handelt es sich um ein verzücktes Stammeln eigentlich unverständlicher Laute. Was sich mitteilt, ist nicht die konkrete Bedeutung der Phantasiewörter, sondern der erfühlte Sinn des großen Theaters: 3000 Juden waren damals beeindruckt und ließen sich christlich taufen. Beileibe nicht alle, wie die Apostelgeschichte eingesteht: «Die andern aber hatten ihren Spott und sprachen: Sie sind voll süßen Weins.»

Bis heute ist das Vorbild von Schawuot im Pfingstfest spürbar. Wenn die Juden seit dem 2. Jahrhundert v. Chr. zu Schawuot auch der Gesetzesverkündigung am Sinai und damit der Erneuerung des Bundes mit Gott gedenken, so steht Pfingsten für die Gründung der christlichen Kirche, und die Segnung der ersten Weizenfrüchte entspricht der Taufe der ersten Christen. Lange Zeit war Pfingsten, nächst Ostern das älteste christliche Fest, auch der einzige Tauftermin neben Ostern. Der englische Name des Pfingstsonntags, «Whitsunday», Weißer Sonntag, zeugt davon, denn früher trugen die Täuflinge als Zeichen der Reinheit ein weißes Kleid.

Ähnlich wie es Schawuot war, ist Pfingsten ein beliebter Wallfahrtstermin – auch deshalb, weil sich's im Sommer gut wandern läßt. Zum touristischen Magneten hat sich die niederbayerische «Kerzenwallfahrt» entwickelt, die an Pfingstsamstag und -sonntag von Holzkirchen über Deggendorf nach Bogen führt. Die Pilger tragen eine sogenannte Kerze, einen knapp 13 Meter langen, mit rotem Wachs fingerdick umhüllten Fichtenstamm. Für diese «lange Stang» einen alten Fruchtbarkeitszusammenhang zu vermuten, liegt nahe. Indes geht die Pilgerwanderung aufs christliche 15. Jahrhundert zurück und sollte eine Borkenkäferplage bannen, die die Wälder um Holzkirchen bedrohte. Ganz unheidnisch schleppte man zu diesem Zweck die riesige Kerze bis in die Kirche auf dem Bogenberg und stellte sie im Chor auf.

Eine andere berühmte Wallfahrt kennt jeder vom Hörensagen: die Echternacher Springprozession. Sie ist keine bloße Redensart von Politikern, die ihrem Gegner vorhalten wollen, er drücke sich vor einer klaren Entscheidung, tue mal so, mal so, und jedem Fortschritt folge sogleich ein Rückschlag. Es gibt diese Springprozession wirklich, sie findet jedes Jahr am Pfingstdienstag im luxemburgischen Echternach statt und vereint Pilger und Schaulustige aus Luxemburg und den Nachbarländern am Grab des heiligen Willibrord, jenes angelsächsischen Missionars, der das Benediktinerkloster Echternach im Jahr 698 gründete und dort 739 begraben wurde.

Von Geistlichen geführt und von Musikanten begleitet, ziehen die Wallfahrer durch den Ort ins Kloster, wobei sie früher drei Schritte vor und zwei zurück (oder fünf vor und drei zurück) machten; heute gehen sie zuerst einen Schritt nach links, dann einen nach rechts, schließlich einen vorwärts. Die Gangart der «Springenheiligen» kam im 14. Jahrhundert auf. Damals wütete an Rhein und Mosel eine Viehseuche, die auch Menschen befiel. Sie wird mal als Veitstanz, dann wieder als Johanniskrankheit bezeichnet und war ein epilepsieähnliches, mit Zuckungen verbundenes Leiden von Mensch und Tier. Das Vieh habe sich zu Tode gesprungen, heißt es in einem zeitgenössischen Bericht. Aus heutiger Sicht denkt man an die Schafkrankheit Scrapie und an Rinderwahnsinn. In der Tat übertrug sich die Krankheit durch den Genuß von

«Geißfleisch» auf Menschen, und Ziegen sind die nächsten Verwandten der Schafe. In den Griff bekam man das Leiden schon damals nicht. Wo aber der Arzt nicht hilft, ruft man andere Mächte an: So pilgerten die Kranken um der Heilung und die Gesunden tanzten um ihrer Schonung willen, nach dem homöopathischen Grundsatz «similia similibus curantur», Ähnliches wird mit Ähnlichem kuriert.

«Mitten wyr ym leben sind / mit dem tod umbfangen», beginnt ein Kirchenlied Luthers. So mengt sich denn der sommerlichen Lebensfreude – Gegensätze ziehen sich an – die Erinnerung an den Tod unter. Just im Vorsommer gedachten die antiken Römer ihrer Toten: «Rosalia» hieß das Fest, an dem sie die Gräber mit Rosen bekränzten, denn diese Blume symbolisierte Liebe; auf Rumänisch trägt Pfingsten bis heute den vorchristlichen Namen «Rusalii». Das Christentum nahm den Brauch auf und verband ihn mit dem Pfingstfest. In Griechenland, auf dem Balkan und in Rußland gedenkt man am Pfingstsamstag der abgeschiedenen Seelen und besucht die Friedhöfe. Im römischen Pantheon wiederum regnen beim Pfingstgottesdienst Millionen Rosenblätter von der Kirchendecke auf die versammelte Gemeinde. Hier repräsentieren die Rosen jene Feuerzungen, die nach dem biblischen Bericht den Jüngern erschienen seien und sich auf einen jeden von ihnen gesetzt hätten.

Den Heiligen Geist, der in Gestalt der Feuerzungen herabgekommen sein soll, stellt man sich gewöhnlich als Taube vor. Deshalb pflegte man in Deutschland früher einen anderen Brauch: Da schwebte während der Pfingstpredigt eine große hölzerne Taube durch das «Heiliggeistloch» in der Kirchendecke an einem Seil herab. Manche Kirchen ließen echte Tauben herausflattern, doch das konnte schiefgehen, wie einmal in Stilfsern in Tirol. Dort hatten die Gläubigen bereits zum sechsten Mal «Komm heiliger Geist» gesungen, ohne daß sich etwas regte. Endlich steckte der Mesner seinen Kopf durch das Loch und rief: «Er kommt nicht. Die Katze hat ihn gefressen!»

Bei Gott!

Eine Woche nach Pfingsten feiern Katholiken Trinitatis, den Dreifaltigkeitssonntag. Sich Gott als Einheit aus Vater, Sohn und Heiligem Geist vorzustellen, ist eine christliche Spezialität, die Juden und Moslems fremd ist. Rund 680 Jahre nach Mariä Empfängnis und 650 nach der Kreuzigung ihres Religionsgründers, spätestens auf dem Konzil von Toledo im Jahr 675, war das Dogma der Trinität ausformuliert.

Gott ist eins, deshalb wirkt das Mysterium der Dreifaltigkeit auf Juden, Moslems und andere Außenstehende wie ein gefährlicher Rückfall in die Vielgötterei: Die zu überwinden, war schließlich schwer genug. Die Bibel hat überliefert, wie lang der Weg vom Poly- zum Monotheismus war. Nicht nur berichtet sie lang und breit vom Tanz ums Goldene Kalb und den wiederkehrenden Auseinandersetzungen mit den Baal-Anhängern. Sondern mehr noch, der Gott der Bibel selbst hat, obwohl unzählige Priestergenerationen den Text redigierten, Spuren des früheren Polytheismus bewahrt.

«Siehe, der Mensch ist geworden wie einer von uns», staunt Gott im Plural, als er den Sündenfall bemerkt (1 Mose 3,22), und beim Turmbau zu Babel ist ebenfalls die Rede von mehreren: «Wohlauf, lasset uns herniederfahren und ihre Sprache verwirren.» (1 Mose 11,7) Ein anderes Indiz ist, daß Gott am häufigsten als «Elohim» angerufen wird: Das ist abermals eine Pluralform, meinte die «Götter» und umfaßte auch weibliche Gottheiten. Jahwe selbst hatte einst, was die Bibel andeutet und archäologische Funde belegen, eine Gemahlin namens Aschera, eine Fruchtbarkeitsgöttin, die der Astarte glich, die wiederum auf die babylonische Ischtar zurückgeht.

Wahrscheinlich erst nach der Vernichtung des Nordreichs durch die Assyrer 722 v. Chr. und der Eroberung Jerusalems und der Zerstörung des Tempels durch die Babylonier 587 v. Chr. begannen die Juden ihre spezielle Religion auszuformulieren: Nachdem der Staat als einigendes Band untergegangen war, definierten sie sich nun durch ihren besonderen Kultus.

Elohim wurde der Eine und Einzige, und Jahwe verlor seine Frau. Bei den Arabern geschah tausend Jahre später Ähnliches, als

Allah («der Gott») seine Kinder abhanden kamen: Noch der Koran, Sure 53, Vers 19, erwähnt seine drei Töchter al-Lat (die Sonnengöttin, wörtlich: die Göttin), al-Uzza (die Venusgöttin) und Manat (die Schicksalsgöttin).

Dem Christentum blieb es vorbehalten, dem einen Gott wieder dreierlei Gestalt zu geben und die alte Tradition der göttlichen Dreifaltigkeit aufzugreifen. Die Ägypter zum Beispiel hatten sich eine heilige Familie aus ihrer Himmelsgöttin Mut, dem Mondgott Chons und ihrem Kind Amun erdacht. Im Lauf der langen ägyptischen Geschichte überflügelte dieses Kind seine Eltern: Ursprünglich nur ein Windgott, dann zur Schöpfungsgottheit befördert, die den Lebenshauch bringt, wurde Amun schließlich als Universalgott inthronisiert. Das geschah ungefähr zur Zeit, als die Hebräer in ägyptischer Knechtschaft für den Pharao schufteten. Sie lernten Amun kennen – und wohl auch anbeten. Und das bis heute:

Immer dieselbe Formel ist es, mit der man das höchste Wesen beschwört. Die Gallier, wie man aus den Asterix-Heften weiß, riefen: «Beim Teutates!» Die Römer schworen: «Bei Jupiter!» Wir versichern: «Bei Gott!», und die Ägypter vor über dreitausend Jahren sagten: «Bei Amun!» Und ob Jude, Moslem oder Christ, sie alle rufen im Gottesdienst und im Gebet zum Schluß ihn an: Amen!

In Gottes Namen

Nomen est omen, der Name sagt etwas aus über seinen Träger: Wie also heißt Gott? Im zweiten Buch Mose, Kapitel 3, Vers 13 lüftet er das Geheimnis auf seine Weise, indem er sagt: «Ich bin, der ich bin.» Im hebräischen Original stehen sogar nur vier Konsonanten: JHWH, was man als «Jahwe» vokalisiert. Wahrscheinlich leitet sich dieses Tetragramm von einem Verb der Bedeutung «dasein, existieren» her. Überraschend genug, behauptet Gott damit gleich in seinem Namen das, was immer bezweifelt wird, nämlich daß es ihn gibt. Nicht minder erstaunlich, hinge der Name Gottes sinngemäß mit unserem kleinen Wörtchen «ja» zusammen, dessen Abstammung sich im Dunkel der Sprachgeschichte verliert und das so viel wie «so ist es» bedeutet.

Im Namen ist das Wesen eingeschlossen, und wer den Namen ausspricht, erlangt Macht über dieses – man kennt das aus Märchen und Fantasyfilmen. Nicht anders in der Religion: Niemand durfte den Namen «Jahwe» in den Mund nehmen. Einzig dem Hohenpriester war es an Jom Kippur, dem höchsten jüdischen Feiertag, erlaubt. An diesem entsühnte der oberste Diener Gottes das Volk, den Tempel und sich selbst und beschwor die Eintracht zwischen Jahwe und seinem auserwählten Volk.

Ansonsten war es streng untersagt, Gottes wahren Namen auszusprechen. Deshalb behalfen sich jüdische Gelehrte im Mittelalter mit der Form «Jehova»: Sie erweiterten das Kürzel JHWH zu «JeHoWaH», indem sie Vokale aus den hebräischen Bezeichnungen «Elohim» und «Adonai» einfügten.

Das Pluralwort «Elohim» ist im Alten Testament die häufigste Bezeichnung für den Allmächtigen. Genaugenommen bedeutet es nicht «Gott», sondern «Götter». Es geht auf das altsemitische Wort «el» zurück, das jede Gottheit bezeichnen konnte; zum Beispiel die Kanaanäer nannten so den Hauptgott ihres Pantheons. Abgeleitet ist dieser Name von «jl», was «mächtig sein» bedeutet und Gottes Lobpreis als «der Allmächtige» plausibel macht, obwohl man für Elohim auch «die Allmächtigen» sagen könnte.

Ein anderer bis heute üblicher Titel Gottes ist «Herr», hebräisch: «Adonai» – ein Wort, das ausgerechnet vom Volk der verhaßten Baalanbeter stammt, in diesem Fall von den Phöniziern. Sie sagten «adon», denn man soll den Namen seines Baal nicht unnütz im Munde führen, und verehrten diesen Herrn als Gott der Fruchtbarkeit. Dazu paßt, daß «Adonai» mit dem schönen Jüngling Adonis der griechischen Mythologie verwandt ist, der es zum Geliebten der Venusgöttin Aphrodite brachte.

Einer anderen heidnischen, diesmal germanischen Götze steht Gott ebenfalls nahe: dem germanischen Wotan, der zwischen den Jahren mit seinen ungebärdigen Getreuen die Wilde Jagd übers Himmelzelt vollführt. Über ein himmlisches Gefolge gebietet auch Gott, denn als hebräischer Herr «Zebaoth» ist er der deutsche Herr der «Heerscharen».

Wie aber steht es mit dem deutschen Wort «Gott» selbst? Gott ist buchstäblich gut, diese Annahme liegt nahe, doch etymologisch sind das zwei verschiedene Schuhe. Beide Worte klingen zwar ähnlich, sind aber nicht näher miteinander verwandt. Vielmehr stammt «Gott» entweder von einem indogermanischen Verb ab, das «anrufen» bedeutet, oder von einem anderen, das mit «gießen», altniederdeutsch «gota» (Bach), mit «Guß» und sogar «Gosse» zu tun hat. Nimmt man beide Möglichkeiten zusammen, so könnte es sich bei «Gott» um «das durch Blut- oder Trankopfer angerufene Wesen» handeln. Das klingt ziemlich heidnisch, und tatsächlich entstammt das Wort der vorchristlichen Epoche. (Aber der Verzehr von Blut und sogar Fleisch in Gestalt der geweihten Hostie gehört auch zur katholischen Messe.)

Welche Namen, Pseudonyme oder Bedeutungen auch immer dem Allerhöchsten zugedacht werden: Jenes übersinnliche, transzendente, Zeit und Raum übersteigende Wesen im banalen Alltag anzurufen und mit trivialen Dingen zu behelligen, muß die Ausnahme bleiben. Für eine Religion, die den Anspruch erhebt, dem ganzen Leben Sinn und Form zu geben und jeden Menschen zu leiten, ist das freilich unmöglich. Doch, o jemine, das Leben ist meist trivial, oft niedrig, Herrje!, manchmal sogar schmutzig – igitt! Deshalb sind, potztausend, auch viele Umschreibungen für Gott danach.

Denn darf man Seinen Namen nicht mißbrauchen, so muß man ihn kaschieren. Beispielsweise ruft man statt des Vaters den Sohn an, der auch Mensch war, und tarnt seine Rede zusätzlich durch Entstellungen wie «Herrje!» (eigentlich: Herr Jesus), «o jemine» und «o je» (beides verkürzt aus lateinisch: o jesus domine, deutsch: o Herr Jesus).

Aber auch der himmlische Vater bleibt nicht verschont, wie die Entstellung «Gottes» zum «Potz» bezeugt: so in dem fünfhundert Jahre alten Fluch «Potz marter», was «Gottes Marter» heißt, und in «potztausend» (worin «Gottes sieben Sakramente» stecken und das über die Verballhornung «Potz tausend Schlapperment!» seine heutige Form fand). Andere Sprachen verfahren genauso: Französisch «parbleu!» (im übertragenen Sinn: nanu, Donnerwetter, aber klar) verballhornt «par dieu!» (bei Gott, in Gottes Namen), hinter englisch «good gracious» steht «god gracious», ähnlich wie sich in «meine Güte» «mein Gott» verbirgt. Wahrscheinlich steckt der Allerhöchste auch im «igitt», denn das dürfte aus der Verschmelzung des Ekelschreis «i!» mit dem Schreckensruf «o Gott!» entstanden sein.

Damit wird der allmächtige Weltenschöpfer und Schicksalslenker fürwahr in die untersten Erdensphären herabgezerrt, ist handgerecht gemacht worden für den täglichen Gebrauch und die niedersten Zwecke. Und das sei nun in Gottes Namen wahrlich das Ende.

Happy Kadaver Day

Das Übernatürliche, Geheimnisvolle und Unverständliche, das zu jeder Religion gehört, wirkt auf Außenstehende manchmal faszinierend, zuweilen befremdlich, gelegentlich komisch. Sonderbar erscheint ihnen ein rätselhafter Vorgang wie die Transsubstantiation, die Umwandlung von Brot und Wein in Fleisch und Blut Christi, die anschließend sogar verspeist werden, und kurios klingt für sie der Name jenes Festes, das diese Verzauberung toter Materie in den real gegenwärtigen Gott feiert: «Fronleichnam» – ein skurriles Wort, das denn auch zum «Happy Kadaver Day» verkalauert wurde.

In Wahrheit stammt der Name aus dem Mittelalter: Der «frone lichnam» ist der «Leib Christi». Der «lichnam» meinte im Mittelhochdeutschen nicht nur den toten, sondern auch den lebendigen Körper; «fro» ist das alte Wort für «Herr», das sich zum Beispiel im «Frondienst» erhalten hat. Auch die «Frau», eigentlich die «Herrin», leitet sich hiervon ab.

Der Festname «Fronleichnam» bezieht sich also auf die geweihte Hostie, die sich leibhaftig in Christus verwandelt habe. Jedenfalls sehen es die Katholiken so; die Protestanten sprechen nur davon, Christus sei in den unverwandelten Substanzen Brot und Wein gegenwärtig, und nennen das nicht Transsubstantiation, sondern Konsubstantiation.

Die Urchristen haben sich über solche Spitzfindigkeiten nicht den Kopf zerbrochen. Sie hatten auch kein eigenes Fest dafür. Der Bedarf für ein solches wurde erst im 12. Jahrhundert geweckt, nachdem die Theologen die Sache mit der Transsubstantiation ausgetüftelt hatten. Außerdem suchte die Kirche angesichts der Verstädterung der Bevölkerung neue Wege, um in den größer werdenden Gemeinwesen, in denen nicht mehr jeder Hirte engen persönlichen Kontakt zu seinen Schäflein halten konnte, Glaubenspropaganda zu betreiben. Eine geistige Einheit herstellen und ein geistliches Band stiften, das können Feste. 1248 wurde Fronleichnam in Lüttich erstmals gefeiert; 1264 machte es Papst Urban IV. für die gesamte Kirche verbindlich.

Eigentlich müßte man Fronleichnam am Gründonnerstag feiern, dem Tag von Jesu Abendmahl, doch paßte die Stimmung der

Karwoche nicht ins Konzept. Deshalb wählte die Kirche den Donnerstag zehn Tage nach Pfingsten und vier Tage nach dem Dreifaltigkeitssonntag Trinitatis, wenn der österliche Festkreis abgeschlossen war. Zugleich wertete sie das Fest auf: Passend zum Abschluß des Festzyklus sollte es die Ankunft der Gläubigen im himmlischen Jerusalem symbolisieren, im Paradies mithin. Aus diesem Grund ist Fronleichnam – und deshalb hat der Kalauer gar nicht unrecht – ein fröhliches Fest, ein prunkvolles auch, das die Stärke des Glaubens aller Welt demonstrieren soll. In einer großen Prozession treten die Katholiken hinaus in die Öffentlichkeit und tragen die geweihte Hostie in einer Monstranz durch die Straßen. Häuser werden beflaggt, Teppiche herausgehängt, Kerzen aufgestellt und Blumen auf den Weg gestreut; manchmal haben die Gläubigen in der Nacht zuvor Blumenteppiche aus Millionen Blüten arrangiert, die biblische Motive zeigen.

In manchen Gemeinden marschieren Spielmannszüge, Schützengilden, Vereine und die Feuerwehr im Troß der Geistlichen und Gläubigen mit. Früher ging es noch spektakulärer zu: Man führte Szenen aus der Bibel und aus Heiligenlegenden auf, Engel und Teufel, Ritter und Drachen mischten mit. Besonders bunt trieben es 1592 die Münchner, in ihrem Umzug marschierten eine nackte Sirene, exotische Neger und ein geschmückter Elefant. Die Prozessionen entwickelten sich zu Fastnachtsumzügen, bis im 18. Jahrhundert die Obrigkeit eingriff: Ein körperlich-sinnlicher Happy day sollte Fronleichnam denn doch nicht sein.

Die Sommerweihnacht

Womöglich wimmelte es in Palästina vor 2000 Jahren von Wanderpredigern und Propheten, und Jesus war nur einer unter vielen. Im Neuen Testament tritt Johannes der Täufer auf, der das Endgericht nahe glaubt, die Menschen zur Umkehr aufruft und zum äußeren Zeichen ihrer Wandlung tauft. Er gilt als Vorläufer Jesu, und weil er nach Lukas 1,36 ein halbes Jahr älter war, legte die Kirche seinen Geburtstag auf den 24. Juni. Der war anfangs ein hohes Fest: Kirchenvater Augustinus sprach von der «Sommerweihnacht».

Die Kirche wollte der heidnischen Sommersonnenwendfeier Paroli bieten. Indes geriet der 24. Juni als christliches Datum bald ins Hintertreffen gegenüber dem Weihnachtstermin, da der Geburtstag eines Menschen nicht ernsthaft mit dem eines Gottessohns konkurrieren konnte. So drangen heidnische Vorstellungen wieder in den Vordergrund. Voller Wunder und Aberglauben war der Tag: Die Sonne macht drei Sprünge, alles Wasser verwandelt sich in Wein, und die Pferde können reden. Versunkene Glocken tauchen empor und sonnen sich, Berge gehen auf und offenbaren ihre Schätze, die aber nur Sonntagskinder sehen können. Ein Bruch wird geheilt, wenn man am Johannistag durch gespaltene Bäume kriecht, und wälzt man sich durch drei Wasserläufe, wird man die Krätze los; fällt einem in der Johannisnacht gar Samen in den Schuh, so wird man unsichtbar.

Ähnlich wie man heutzutage, aller Rationalität zum Trotz, beim Jahreswechsel einen abergläubischen Blick in die Zukunft wirft – zum Beispiel mittels Bleigießen –, so war auch der Johannistag als Kulminationspunkt des Jahres und Wendemarke im Sonnenlauf mit allerlei Orakelglauben verknüpft. Die Träume der Johannisnacht, so dachte man, gehen in Erfüllung; was man Neues anfängt, bringt Glück; der Kuckuck hört auf zu rufen, ruft er aber dennoch, so kommt eine Teuerung über das Land. Gespannt beobachtete der Bauer das Wetter, denn «regnet es am Johannistag, es vierzig Tage regnen mag». Regen zu Johanni war ein böses Omen: Die Haselnüsse verderben, der Weizen wird brandig und die unverheirateten Töchter kriegen ein Kind.

Was für Weihnachten der lichterbesetzte Christbaum, war für seinen Antipoden das Johannisfeuer. Wie die Weihnachtstanne, die man schon Heiligabend aufstellt, wird es am Vorabend aufgeschichtet und abgebrannt. Es symbolisiert die Sonne, die ihren höchsten Stand und ihre volle Kraft erreicht hat. Seit dem 10. Jahrhundert bezeugt und im 16. Jahrhundert in Deutschland weithin üblich, sollte das Freudenfeuer Hexen und Dämonen verscheuchen, die Luft reinigen und den Hand in Hand über die Flammen springenden Paaren das Liebesglück sichern. In Dänemark versammeln sich heute noch Jung und Alt um das Feuer, lauschen einer patriotischen Rede und singen heimatverbundene Lieder; in Schweden feiert man gleich die Nacht durch.

In Deutschland hat das Osterfeuer das zu Johannis verdrängt. Zwar wollten im wilhelminischen Kaiserreich national gesonnene Studenten die Sonnenwendfeiern mit Fackelzügen und Flammenfeiern wiederbeleben, doch stießen ihre Umtriebe bei der breiten Bevölkerung auf wenig Begeisterung. In Göttingen zum Beispiel, wo die akademischen Zundelfrieder auf einer stadtnahen Anhöhe einen altarähnlichen, fünf Meter hohen Steinklotz errichteten, wurde das Monstrum vom Volksmund schon zur Bauzeit als «Elefantenklo» verhöhnt.

Das Johannisfeuer ist den meisten heute unbekannt. Dafür hat sich der Name des Märtyrers anderweitig erhalten, zum Beispiel im Johannisbrotbaum. Mit seinen zuckerhaltigen Hülsenfrüchten ernährte er den Täufer in der Wüste; noch heute ist der Baum im Mittelmeergebiet eine wichtige Futterpflanze und für uns in Mitteleuropa ein Rohstoff für Süßwaren – etwa für Ökoschokolade. Das Johanniskraut (Hypericum perforatum) blüht ebenso um den 24. Juni herum, wie die Johannisbeere zu dieser Zeit reift, und das Glühwürmchen nennt man auch «Johanniswürmchen», weil es sich Ende Juni paaren will. Das Licht weist Männchen und Weibchen den Weg wie die rote Laterne dem Freier.

Der Johannistrieb aber heißt nicht hiernach, sondern nach dem zweiten Austrieb von Buchen und Eichen im Juni und Juli und wurde zur Bezeichnung für die Liebeslust älterer Männer, die ihren zweiten Frühlig erleben. «Ihr späten Triebe, die ihr jetzt / Die früh verdorbnen schön ersetzt, / Euch, ihr Johannistriebe, / Vergleich ich meine Liebe», dichtete der 50jährige Lyriker Friedrich Rückert. Im alten Rußland hingegen war der Johannistag mit dem weiblichen Liebesdurst und Lebenshunger verbunden: Dann feierten die Frauen ohne die Herren der Schöpfung, tanzten wild und sangen obszöne Lieder.

Als legendäre Tänzerin gilt Salomé, die Stieftochter des Königs Herodes Antipas. Er hatte die Frau seines Bruders geheiratet, Salomés Mutter. Da Johannes der Täufer das öffentlich verdammte, forderte Salomé seinen Tod. Den abgeschlagenen Kopf brachte sie der Mutter in einer Schale, der später so genannten Johannesschüssel. Christlicher Barmherzigkeit auch gegen die Feinde mag man es zurechnen, daß Johannes später Schutzpatron ausgerechnet der Tänzer und Nothelfer bei Kopfweh wurde.

Doch wer weiß, vielleicht blieb Johannes sein grausames Schicksal in Wahrheit ohnehin erspart – weil es ihn selbst gar nicht gab. Möglicherweise ist Johannes der Täufer nur eine von den frühen Christen erfundene Gestalt, um die Übernahme eines eigentlich heidnischen Ritus in ihren Glauben zu rechtfertigen (oder um dessen Anhänger für die christliche Lehre zu gewinnen).

Eine Art Taufe im Wasser praktizierten dreitausend Jahre zuvor schon die Sumerer im südlichen Mesopotamien, jener Landschaft, aus der dann der jüdische Stammvater Abraham kam. Die Sumerer verehrten den Wassergott Enki. Im Gilgamesch-Epos, das lange vor dem Alten Testament von der Sintflut erzählt, ist er es, der zum Bau der Arche rät und deshalb als Freund der Menschen gilt. Diese Hilfe durch eine höhere Macht spiegelt sich noch im Namen des Johannes, denn der soll aus dem Hebräischen kommen und bedeuten: «Gott hat sich erbarmt.»

Genaugenommen ist der Name jedoch heidnischen Ursprungs. So unwahrscheinlich es klingt, er bewahrt zumindest in der ersten Silbe die Erinnerung an die Zeiten der Sumerer, Akkader und Babylonier. Es ist eine ziemlich komplizierte Geschichte: Die semitischen Akkader und Babylonier, die auf die Sumerer im Zweistromland folgten, übernahmen viel von deren Glauben, auch deren Gottheit Enki. Sie nannten sie «Ea», was mit ihrem Wort für Wasser verwandt war; die Juden werden Ea, der zu den wichtigsten Göttern zählte, spätestens im babylonischen Exil kennengelernt haben. Im Lauf der Zeit lautlich abgewandelt, hat sich sein Name in den ersten zwei Buchstaben des Namens Johannes erhalten.

Ebenso können die Juden in Babylon die Bekanntschaft anderer höchster Mitglieder der mesopotamischen Götterwelt gemacht haben, des Mondgottes «Nanna» und der Himmelsgöttin «Inanna» zum Beispiel. Zugrunde liegt diesen beiden Namensformen «An», wie es sumerisch heißt, oder «Anu», wie es semitisch klingt: Das ist der Name des obersten, im Himmel wohnenden Gottes und Stammvaters des gesamten Göttergeschlechts – sozusagen das heidnische Gegenstück zum himmlischen Vater, den die Christenheit verehrt. In hellenistischer Zeit zweihundert Jahre nach dem babylonischen Exil könnten beide Vorstellungen, die von einer Gewässergottheit und die vom allerhöchsten Wesen, auch namentlich zusammengeflossen sein: der Wassergott hieß nun «Oannes». Daraus entwickelte sich dann altgriechisch Ioannis, hebräisch Johanan, lateinisch Johannes und der deutsche Hans, in dem bis heute die sumerischen Götter fortleben.

Der Hansel wird nicht gehänselt

Engländer nennen ihn John, Franzosen Jean und Spanier Juan. In Holland und Polen heißt er Jan, in Dänemark und in Friesland Jens, in der Schweiz Jenni und in Finnland Juha. Griechen sagen Iannis, Italiener Giovanni, Russen Iwan, und vielleicht gehört auch der gälische Sean in diese Reihe.

Der neutestamentliche Johannes, der Name sowohl des Täufers und Vorläufers Jesu wie des Apostels und Lieblingsjüngers Christi, ist der am weitesten verbreitete Vorname in den traditionell christlichen Ländern. In Deutschland wurde Johannes, der auch «Johann», «John» (plattdeutsch) und «Hans» lauten kann, im 14. Jahrhundert zum beliebtesten Vornamen, und im 18. Jahrhundert hieß in manchen Landstrichen jeder Dritte so.

Was so häufig ist wie Sand am Meer, ist jedoch nichts besonderes, weshalb der Hans zum Muster ohne Wert wurde. Der unbeliebte Angeber ist als «Prahlhans» ebenso seit dem 17. Jahrhundert bekannt wie der Hungerleider und dürre Mensch als «Schmalhans», bei dem es, wenn ausgerechnet er der Küchenmeister ist, wenig zu essen gibt. Älter noch als diese beiden ist der Hanswurst, ursprünglich ein Fettwanst, der dick wie eine gestopfte Wurst ist. Weil der komisch anzuschauen ist und ein voller Bauch nicht gern studiert, wurde der Hanswurst zum Inbegriff des lächerlichen Dummkopfs, gab dann dem Narren auf der Schaubühne seinen Namen und meint heute eine nicht ernst zu nehmende Mannsperson, die sich zum Gespött der Leute macht.

Auch ohne schmälerndes oder dick machendes Beiwort sank der «Hans» im Lauf der Jahrhunderte im Ansehen. «Johann» wurde zum typischen Dienstbotennamen, im Märchen ist der «Hans im Glück» ein fröhlicher, aber einfältiger Bursche aus dem Volk, und in den alten US-amerikanischen Witzen auf deutsche Einwanderer heißt der etwas dümmliche, ein bißchen plumpe und ein wenig sadistische Protagonist Hans.

Aber der Hans ist auch jemand, der kann's. Als Hans Dampf in allen Gassen kennt er sich überall aus und weiß sich stets zu helfen. Doch ein solcher Übermensch und Superman fordert Spott heraus: Der Dampf kennzeichnet nicht nur die Betriebsamkeit, sondern meint auch heiße Luft.

Die ältere Version der Redensart, die Johannes Agricola 1534 in seiner Sammlung «Dreyhundert gemeyner deutscher Sprüchwörter» überlieferte, kennt den «Hans in allen Gassen», der, statt *eine* Sache richtig zu erlernen, sich verzettelt und nichts wirklich kann. Im 19. Jahrhundert, als die Industrialisierung den Leuten Dampf machte, wurde der Spitzname zeitgemäß erweitert. Erstmals geschah das 1814 in der Erzählung «Hans Dampf in allen Gassen» von Heinrich Zschokke. 1846 ließ der anonyme Verfasser der in Gotha erschienenen Schrift «Die Wirkung des Dampfes oder das Leben auf der thüringer Eisenbahn in Wahrheit und Lügen geschildert und allen Freunden des Dampfes gewidmet» einen Mann auftreten, der wohl wirklich gelebt hatte und den Uznamen Hans Dampf ertragen mußte. In der zehnten Strophe heißt es: «Nun kommt auch Hans George, genannt der Hans Dampf, / Hat Abschied genommen, überstanden den Kampf, / Er will gern mit fahren in die höllische Fremd', / Mit seinen sieben Sachen, zwei Strümpf' und ein Hemd; / Das Entree bezahlet das Mütterlein fein, / Und nun fährt der Schlingel über den Rhein.»

Der spöttische Ton ist deutlich: Dieser Hans wird gehänselt. Das scheint in der Natur des Namens zu liegen, doch in Wahrheit hat das Hänseln weder mit dem Hans zu tun noch mit dessen kleinem Bruder, dem ungeschickten, unbedeutenden, subalternen Hansel. Es rührt vielmehr von einem Brauch der Hanse her.

Die Hanse war ein mittelalterlicher Wirtschaftsbund norddeutscher Städte unter Führung Lübecks, das bis heute stolz den Beinamen einer Hansestadt führt. Gegründet 1161 als «Gemeinschaft der Kaufleute des Römischen Reichs, die Gotland besuchen», beherrschte die Hanse bis weit ins 16. Jahrhundert den Handel in Nord- und Ostsee.

Diese Hanse war anfangs nur eine von vielen, denn eigentlich konnte jede Gilde, Innung oder Zunft eine Hanse sein. Erst später engte sich der Sinn auf einen Zusammenschluß von im Ausland tätigen Geschäftsleuten ein, vielleicht unter Einfluß der ursprünglichen Wortbedeutung, denn die althochdeutsche «hansa» war eine Kriegerschar, und Handel außerhalb der Heimat artet leicht in Händel aus.

Rauhe Riten sind bis heute beim Militär und anderen Männerbünden verbreitet, wenn Neulinge in den Kreis der etablierten Kämpen aufsteigen wollen. Das war bei den Hansen nicht anders:

Um aufgenommen zu werden, mußten die Anfänger schmerzhafte oder scherzhafte Bewährungsproben bestehen. Wer aber dieses Hänseln über sich hatte ergehen lassen, war ein würdiges Mitglied der Hanse und durfte fortan selber, im Verein mit den anderen, die Neuen hänseln. So schön ist es, wenn man dazugehört.

Krethi und Plethi

Zwischen der Hoffnung, etwas Besonderes, und der Gewißheit, nur Durchschnitt zu sein, spielt sich das Leben ab. Jeder große Mann hat einmal klein angefangen, aber die meisten Leute bleiben nun einmal unbedeutend: wenig einflußreiche, finanziell nicht sehr gut gestellte, unauffällige Durchschnittsmenschen, ob als «kleiner Mann», auf den man freundlich von oben herabblickt, oder als «Lieschen Müller», in der die halbgebildete Menge mit ihrer seichten Kunstauffassung personifiziert ist.

Dem Lieschen Müller ist der Aufstieg aus der Masse unmöglich; selbst als in den 50er Jahren aufgekommenes «Doktor Lieschen Müller» ist es bloß ein ironisches Sinnbild für den gehobenen Durchschnittsgeschmack. Dem kleinen Mann erging's besser. Als er vor gut 100 Jahren zur Welt kam, war er jemand, der in der Welt des wilhelminischen Standesdünkels wenig zählte. Das Umdenken setzte in den 1920er Jahren ein, als die Republik die alte Ordnung beseitigt hatte und man günstig vom «Mann auf der Straße» sprach, vom Durchschnittsbürger, der sich auf der Straße gibt wie jeder andere – im Unterschied zu den eingebildeten Aristokraten.

Wer vom kleinen Mann oder gar vom Lieschen Müller spricht, meint kaum einmal sich selbst, sondern immer die anderen. Die anderen, die sind Krethi und Plethi. Luther prägte diesen Ausdruck, als er (erstmals im zweiten Buch Samuel 8,18) die Leibwache des Königs David beschrieb als aus «Krethi und Plethi» gebildet. Krethi und Plethi, darunter versteht man heute alle möglichen Leute, eine bunt zusammengewürfelte Menge, mehr nicht. Doch ursprünglich handelte es sich um brandgefährliche Typen, über die man kaum abschätzig zu reden sich erlauben durfte.

Gemeint sind nämlich die um 1200 v. Chr. über die Zwischenstation Kreta (daher die Krethi) an die Küste Kanaans gelangten Philister (die Plethi). Die waren eigentlich die Erzfeinde der Israeliten. Gleichwohl ist es keine Falschmeldung, daß ausgerechnet Davids Präsidentengarde sich aus ihnen zusammensetzt. Zunächst einmal sind ähnliche Fälle aus der Geschichte bekannt: Zum Beispiel wurde die osmanische Eliteeinheit der Janitscharen (von türkisch «yeniceri», neue Truppe) aus christlichen Knaben geformt, die während der Ausbildung zum Islam erzogen wurden.

Im Falle Davids verhielt es sich jedoch anders, wie die Bibel selbst berichtet. David paktierte gegen Israels König Saul mit dem Erbfeind und kommandierte eine Philistergarnison in Siqlag. Nachdem die Philister Sauls Heer in der Ebene von Jesreel besiegt und der König Selbstmord begangen hatte, bestieg David den Thron und bildete aus seinen alten Freunden seine Leibgarde. Vielleicht konnten nur sie den neuen Herrn Israels vor Anschlägen seiner Untertanen schützen, aber das ist reine Spekulation. Möglich auch, daß seine Nachfolger ihre Wache gleichfalls aus den Reihen der Kreter und Philister bestellten und diese nach und nach andere Aufgaben für ihren Herrn wahrnahmen. Fest steht, daß sie keine freundlichen Zeitgenossen waren, was aus der Sprache erhellt: Das hebräische «krethi» ist ein Verb und bedeutet «ausrotten, töten»; das Verb «plethi» meint «eilen». Statt den König nur zu schützen, stellten sie anscheinend anderen Leuten in seinem Auftrag nach: Die Söldner verwandelten sich mit der Zeit in Eilboten, die königliche Befehle überbrachten, und in Scharfrichter, die Todesurteile vollstreckten. Diese Leute fürchtete und mied natürlich jeder! Mit ihnen wollte man noch viel weniger zu tun haben, als wir heute mit Krethi und Plethi.

Dann schon lieber mit Hinz und Kunz. Ausgeschrieben sind das die Vornamen Heinrich und Konrad, zwei einst weitverbreitete und auch von vielen Königen getragene Vornamen: Sieben Heinriche und vier Konrads verzeichnet die Herrscherliste des Heiligen Römischen Reichs Deutscher Nation. Schon um 1300 wurden Hinz und Kunz zur Formel für «jedermann» und später zum Synonym für die beschränkten kleinen Leute wie bei Matthias Claudius: «Was meinst du, Kunz, wie groß die Sonne sei?» «Wie groß, Hinz? – als 'n Straußenei.» «Du weißt es schön, bei meiner Treu'! Die Sonne als 'n Straußenei!» «Was meinst denn du, wie groß sie sei?» «So groß, hör' – als 'n Fuder Heu.» So denken Hinz und Kunz – man selber gehört glücklicherweise nicht dazu.

Die blinden Hessen

Rheinischer Frohsinn, bayerische Bierruhe und ostfriesische Wortkargheit sind so sprichwörtlich wie schwäbische Sparsamkeit und Sauberkeit oder säggsche Gemiedlichgeed und Heemdigge. Klischees allesamt, offerieren sie doch ein Körnchen Wahrheit, das man in der Wirklichkeit von heute wiederfinden kann. Im Dämmer der Geschichte verliert sich nur die Herkunft eines bestimmten Vorurteils: desjenigen von den blinden Hessen.

Der Historiker, Sprachwissenschaftler, Sagensammler, Mythenforscher und Märchenspezialist Jacob Grimm vermutete, daß die Klangähnlichkeit zwischen den Chatten, den Vorfahren der Hessen, und den Katzen eine Rolle spielt: Angeblich sei der Stammvater der Chatten für das blindgeborene Junge einer Katze ausgegeben worden. Allerdings hat sich von dieser Fama keine schriftliche Spur erhalten. Das einzige Indiz, das auf eine Nähe von Chatte und Stubentiger schließen läßt, ist der hessische Wappenlöwe: Diese furchtbare Bestie wurde im 16. Jahrhundert gern als Katze verspottet.

Etwas besser bezeugt als die Legende vom katzenhaften chattischen Ahnherrn ist eine Sage aus dem thüringisch-hessischen Erbfolgekrieg von 1247–1263. Damals spaltete sich, nachdem das thüringische Landgrafengeschlecht ausgestorben war, Hessen von seinem östlichen Nachbarn ab. In diesem Krieg, so die Legende, gelang es den furchterregend löwenhaften Hessen einmal, auf einem Dorfanger in der Abenddämmerung den Feind zu überraschen. Doch dann waren sie selber peinlich überrascht: Was sie im Spätlicht für Soldaten gehalten hatten, waren nur Heugarben und Misthaufen.

Diese sagenhafte Heldentat sprach sich herum, und Sebastian Franck kannte 1541 die Redensart «Du bist ein blinder Hesse!» bereits im heutigen Sinn: Man «wolt einen groben dölpel und fantasten damit anzeigen».

Fatalerweise erhielt das Vorurteil von den blinden Hessen neue Nahrung, als im 18. Jahrhundert der hessische Landgraf Friedrich II. Tausende Landeskinder an die Briten verkaufte, die sie als Söldner gegen die nordamerikanischen Kolonisten einsetzten: Aufgeklärte Zeitgenossen hielten den Hessen vor, so blind zu sein, daß sie weder die Geldgier ihrer Fürsten erkennen noch sich fragen, für wen und wofür sie in den Krieg ziehen.

Die Kritik war berechtigt, doch das Etikett der Blindheit müssen sich die Hessen dennoch nicht anheften. Denn langsam wird es Zeit, die Wahrheit jenseits von Mythos, Sage und Politik sichtbar zu machen. Die Hessen waren nämlich keine Katzen, sondern Hunde: Der mittelalterliche «hesse-hunt» war ein Hund für die Hatz; das mittelhochdeutsche Verb «hessen» meint hetzen, und der blinde Hesse war ein unfähiger Jagdhund. Erst als dieser Wortsinn verlorengegangen war, deutete man den Hessen(-hund) zum Nachfahren der Chatten um. Und weil man selbst für ein bloßes Vorurteil stets ein Körnchen Wahrheit in der Wirklichkeit finden kann, wenn man nur lang, manchmal jahrhundertelang sucht, hat sich dieser blinde Hesse bis heute gehalten.

Ab nach Kassel!

2. September 1870: Die Schlacht von Sedan markiert das Ende des französischen Kaiserreichs und das Aus für den stolzen Kaiser Napoleon III. Nach der Kapitulation seiner Armee muß sich der Neffe des großen Korsen schmählich in preußische Gefangenschaft begeben. Dort bekommt seine Demütigung einen Namen: «Ab nach Kassel!» heißt es für den Exkaiser, fort in die nordhessische Provinzstadt. Auch wenn man ihn dort halbwegs standesgemäß auf Schloß Wilhelmshöhe einweist, mit seiner Pariser Macht und Herrlichkeit ist es vorbei. Nach dem Friedensschluß 1871 geht der dritte Napoleon ins britische Exil und stirbt zwei Jahre später.

Ob Preußens Bismarck, der dem prominenten Kriegsgefangenen den Marschbefehl nach Kassel erteilte, selbst die nämlichen drei Worte sprach, ist zweifelhaft. Überliefert ist, daß die Aachener sie dem Exkaiser auf dem Bahnhof bei seiner Durchreise zuriefen. Zahlreiche Karikaturisten griffen die Parole im nationalen Siegestaumel auf und setzten sie markerschütternd ins nicht allzu wirklichkeitsgetreue Bild: So zeigte ein «Düsseldorfer Bilderbogen» Napoleon III., der sich dem Preußenkönig Wilhelm ergibt. Bismarck steht dabei und brüllt den Kaiser an: «Ab nach Cassel!!!» Gegen soviel teutonische Lautstärke ist französischer Esprit natürlich machtlos.

Doppelt erfreut brüllten vielleicht die Kasseler mit. Sie konnten hoffen, eine alte Schmach zu tilgen: Denn der Ruf «Ab nach Kassel!» war womöglich hundert Jahre älter und soll im 18. Jahrhundert jene Unglücklichen ereilt haben, die von nordhessischen Soldatenwerbern ergriffen, zum Militärdienst gepreßt und an die Engländer verkauft wurden, die sie in Nordamerika gegen die aufständischen Siedler einsetzten.

Ganz sicher ist freilich nicht, daß der Schreckensruf «Ab nach Kassel» damals schon erschollen wäre. Der Schriftsteller Johann Gottfried Seume, der 1781 bei einer Reise von Leipzig nach Paris den Häschern in die Hände fiel und davon später mit trockenem Ingrimm berichtete – «Den dritten Abend übernachtete ich in Vach, und hier übernahm trotz allem Protest der Landgraf von Kassel, der damalige große Menschenmäkler, durch seine Werber die Besorgung meiner ferneren Nachtquartiere nach Ziegenhayn, Kassel und weiter nach der neuen Welt» –, Seume erwähnt in seiner Autobiographie den fluchbeladenen Befehl nicht. Vielleicht ist er also doch erstmals 1870 dem prominenten Kriegsgefangenen erteilt und nachträglich auf das ungleich größere Unglück der Zwangsrekrutierten bezogen worden.

Soldatisch kurz und scharf klingen auch andere Redensarten mit dem Wörtchen «ab», doch haben sie mit dem Militär nichts zu tun. «Ab durch die Mitte!» war kein Befehl an den Delinquenten beim Spießrutenlauf, sondern kommt aus der weniger ernsten Welt des Theaters. Die Order stand als Regieanweisung in Textbüchern des 19. Jahrhunderts und schrieb dem Schauspieler vor, nicht nach links oder rechts, sondern durch die Mitte abzutreten. Heute hat sich die Redensart von diesem konkreten Sinn gelöst und meint «hinaus! fort! nichts wie weg!».

Aus dem Kaufmannsladen bzw. der Spielhölle stammen die Ausdrücke «ab dafür!» und «ab damit!». Beide besagen soviel wie «einverstanden», «alles klar», «los!» oder auch «weg damit!». Aus der Geschäftswelt kommt «ab damit!». Vollständig hieße es: «Ab mit der Ware zum Schleuderpreis!».

Seinen Ursprung im Glücksspiel hat «ab dafür». Der Bankhalter sagt es: Mit «ab» geht es los, und «dafür» bekundet seine Absicht, gegen die von den Spielern gesetzten Beträge die Bank zu halten. Alles klar? Dann ab damit!

Der Schwabenstreich

Der typische Deutsche ist ein Bayer in Lederhose und mit Gamsbarthut, dem eine fesche Kellnerin im Dirndl einen Humpen Bier bringt. Dazu spielt eine Kapelle Blasmusik. Deutschland als großes Oktoberfest, so folkloristisch und touristisch zugerichtet stellt man sich das, ein wenig augenzwinkernd, im Ausland vor, von den USA bis Japan.

Früher waren es die Preußen, die mit ihrer militärischen Tüchtigkeit das Deutschlandbild prägten. Aus jener Zeit stammt der Spitzname «Fritz» für den Deutschen, hergenommen vom Namen vieler Preußenkönige, insbesondere dem alle überstrahlenden Friedrich II., eben dem «alten Fritz». Vor allem Briten machen sich heute einen Spaß daraus, die Deutschen mit diesem Namen zu frotzeln, wenn im Fußball die nicht ganz ernst gemeinten alten Vorurteile hochkommen.

Vor den Preußen waren die Schwaben die auffälligsten deutschen Vertreter im Ausland. Davon zeugt schon Deutschlands Name bei den Franzosen, Spaniern und Portugiesen: Allemagne, Alemania, Alemanha. Aber nicht nur im Westen, dessen romanische Völker als erste eben mit den Alemannen in Berührung kommen, auch im Osten ist der Schwabe seit alters bekannt: Als Schimpfwort für den emsigen, sturen Deutschen kennen Polen den «Śwob» und Ungarn den «Sváb».

Als fleißig gilt der Schwabe auch in Deutschland selbst, außerdem als sparsam und vor allem sauber: Dafür steht die weithin berühmte und belächelte Kehrwoche, bei der die Anwohner ihre Mülltonnen sogar von innen zu reinigen haben. Bieder und bodenständig geben sich die Schwaben – und konnten doch auch anders: Lange vor den Preußen waren sie es, die als besonders kriegerisch galten.

Schon Caesar rühmte ihre tapferen Vorfahren, die Sueben. Im frühen Mittelalter, so berichten es in den «Deutschen Sagen» die Gebrüder Grimm, hätten sie sich auf den Feldzügen Karls des Großen besonders hervorgetan: Das sei der Grund, «warum die Schwaben dem Reich vorfechten», also stets in der ersten Linie stünden.

Der sprichwörtliche «Schwabenstreich» wird ursprünglich eine echte Heldentat gewesen sein, bevor er sich in ein Schelmenstück verwandelte, als den man ihn heute versteht. Schon Ludwig Uhland gab dem Schwabenstreich im 19. Jahrhundert eine unwirklich-humoristische Note. In seiner Ballade «Schwäbische Kunde» schilderte er, wie ein Schwabe auf Barbarossas Kreuzzug mit einem einzigen Schwerthieb einen Türken vom Scheitel bis zur Sohle entzweihaut und auf des Kaisers Frage, wer ihm solches gelehrt, trocken antwortet: «Die Streiche sind bei uns im Schwang, / Sie sind bekannt im ganzen Reiche: / Man nennt sie halt nur Schwabenstreiche.»

Mit ironischem Behagen erzählt auch das Grimmsche Märchen von den «sieben Schwaben», die sich vorgenommen hatten, «die Welt zu durchziehen, Abenteuer zu suchen und große Taten zu vollbringen.» Aber die glorreichen Sieben, ausgerüstet mit einem «recht starken und langen Spieß», bringen nicht mehr zuwege, als einen Hasen in die Flucht zu schlagen, mit einem Mistkäfer zu kämpfen, wobei sie sich selbst übel zurichten, und einem fliehenden Frosch zu folgen, wobei sie ertrinken. Wer sich so ungeschickt anstellt, dem ist wahrlich ein Schwabenstreich gelungen.

Keine besonderen Vorkommnisse am 11.9.

Der 11. September 2001 war ein Tag wie jeder andere. Jedenfalls für die professionellen Astrologen und Wahrsager: Keiner von ihnen sah die Flugzeugattentate auf das World Trade Center und das Pentagon voraus. Für den «Lorcher. Astrologischer Kalender für das Jupiterjahr 2001» standen die Sterne am 11.9. sogar ausgesprochen günstig: «Das wird sich weltweit politisch und wirtschaftlich äußerst wohltuend auswirken. Merkur schafft Verbindungen, stellt die Harmonie wieder her und sorgt für diplomatisches Geschick. So kommen Gespräche zwischen zerstrittenen Parteien wieder in Bewegung.»

Eine buchstäblich «Frieden stiftende Tendenz» prophezeite der Lorcher für den 11. September. Die, laut Selbstlob, «Star-Astrologin» Elizabeth Teissier hielt in ihrem Heft «Sternenjahr 2001» immerhin irgendwelche ominösen «Gewaltakte» in der zweiten Jahreshälfte für möglich, die ein «hartes Durchgreifen in der Politik» nötig machen: «Bereits bestehende Krisenherde könnten wieder aufflackern, neue Konflikte könnten ausbrechen». Mit anderen Worten, so allgemein und unbestimmt «könnte» das immer und überall zutreffen.

Sobald aber die hohe Kunst der Prophetie sich auf den Boden konkreter Tatsachen herabläßt, tritt sie zielsicher daneben. Unter der Überschrift «Terror & religiöser Fanatismus, Explosionen, Brände» nannte E. Teissier als «die schwierigsten Daten» die Tage vom 10. bis 16. August und vom 12. bis 15. Oktober, nicht jedoch den 11. September. Dafür wußte sie «günstige Termine» für «Weltpolitik & diplomatische Verhandlungen»: haargenau den «5.–12. September» – also auch den 11.9. Was immer in den Sternen stand, lesen konnte die Teissier es wohl nicht.

Doch auch jene Hellseher, die statt in den Himmel tief ins Glas schauen, hatten Tomaten auf den Augen. Der «Wahrsager und Visionär» Albert Lehmann hält sich zwar für den Nachfolger der Buchela. «Ich habe ihre Fähigkeiten geerbt und trete nun ihr mediales Erbe an», prahlt er auf seiner Internetseite.

Auf Reklame versteht er sich, doch den Beweis seiner Sehergabe bleibt er schuldig. Zwischen dem am 9. April verlautbarten Orakel («Auf längere Sicht wird es einen Wirtschaftskrieg zwischen Dollar und Euro geben») und der am 24. September notierten Prophezeiung («Eine große Gefahr für den Weltfrieden geht von den USA aus») klafft in seinem Wahrsagekalendarium im Internet eine bezeichnende Lücke.

Egal, ob Albert Lehmann falsche Prognosen gelöscht hat oder schlicht keine Ahnung hatte vom Terrorschlag des 11. September: Bei seinen Augurensprüchen handelt es sich statt um Hellseherei bloß um die Fähigkeit, weit verbreitete Sorgen («hoffentlich spielen die Amis jetzt nicht verrückt») als übersinnliche Botschaft zu verkleiden.

Mit der Zukunft haben die Seher ihre Probleme; doch die Vergangenheit vorhersagen können sie aus dem Effeff. Nostradamus, so führt sein Interpret «N. Alexander Centurio» in dem Buch «Die großen Weissagungen des Nostradamus. Prophetische Weltgeschichte bis zum Jahr 2050» vor (Erscheinungsjahr: 1977), sah den Dreißigjährigen Krieg voraus, die Französische Revolution, den Kommunismus und die beiden Weltkriege. Zwar steht kein Wort davon in den Originalversen; doch man muß sie eben entsprechend auslegen: Dann wird «der große Priester des Mars» gelesen als «Stalin», «der Allmächtige» ist nicht etwa Gott, wie man beim Katholiken Nostradamus annehmen sollte, sondern «England», und «China» heißt im Originaltext – «das große Kamel».

Wieviel diese Art der Interpretation taugt, zeigen ihre Ergebnisse für jene Zeit, die 1977 noch Zukunft war: Demnach prophezeite Nostradamus die Erneuerung des französischen Königtums am 11. August 1999 ebenso wie zum Ende des 20. Jahrhunderts das Vorrücken der Chinesen an den Ural und einen Krieg Frankreichs gegen Großbritannien und die USA.

Ausgerechnet den 11. September 2001 aber scheint Nostradamus geweissagt zu haben. Ein Vierzeiler lautet: «In der Stadt Gottes wird ein gewaltiger Donner sein, / zwei Brüder auseinandergerissen vom Chaos, / die Festung hält stand, doch der große Führer unterliegt. / Der dritte große Krieg beginnt, wenn die Stadt brennt.»

Das klingt prophetisch. Indes kann die Stadt Gottes für den Christen Nostradamus nur Jerusalem oder Rom sein, die zwei Brüder, so es denn die Zwillingstürme sein mögen, wurden nicht «auseinandergerissen», sondern fielen in sich zusammen, usw. Nichts ist präzise benannt – und genaugenommen alles falsch.

Die Lösung des Rätsels ist sogar ganz einfach: Der im Internet kursierende Vierzeiler ist die Fälschung eines Kanadiers – aus dem Jahr 1997. Er wollte damals vorführen, wie suggestiv eine bedeutungsschwangere Prophezeihung durch ihre Bildersprache wirkt und auf alles Mögliche paßt.

Der Gehalt ist nichts, die Deutung alles. Deshalb muß man kein Prophetenauge haben, um vorherzusehen, daß eines Tages jemand in einem echten Nostradamusvers die Terrorschläge vom 11. September rückblickend voraussagt. Der Nostradamus-Jünger Dieter Mader kündigt es bereits an: «Ich bin mir sicher, daß Nostradamus diese Ereignisse gesehen hat.»

Die meisten Astrologen orakeln weniger über die Weltpolitik, wo jeder ihr Tun beurteilen kann, als übers Privatleben, wo es gewöhnlich niemand sonst erfährt. Pech beim 11. September: Hier können die Tageshoroskope von Tätern und Toten unmöglich stimmen, so verschieden sind sie und so identisch das reale Schicksal.

Andererseits muß unter all den Vorhersagen eine halbwegs richtige sein, denn auch der schlechteste Schütze trifft irgendwann ins Schwarze, er muß nur oft genug schießen. Dieser Glückspilz ist

Dominik F. Rollé. In seinem Buch «Sternstunden 2001» lautet die Losung für den 11. September: «Vor der Vollendung», und weiter: «Jetzt ist es wichtig, sich nicht vom eigenen Ziel abbringen zu lassen, sondern seine Richtung konsequent zu verfolgen.» Volltreffer!

Oder doch nur eine Fahrkarte? Denn verglichen mit den präzisen Terrorschlägen vom 11. September ist dieses Omen reichlich banal und ungenau. Wie man es also nimmt, die Hellseherei steht unter einem unglücklichen Stern. Was also werden die Astrologen und Wahrsager künftig vorhersehen? Man braucht kein Prophet zu sein: So gut wie nichts.

Der Sündenbock Gottes

Der liebe Gott kann manchmal ziemlich böse werden. Dann sorgt er für Plagen, Seuchen, Hungersnöte, allgemeine Teuerungen und persönlichen Kummer und verschont nicht einmal seine eigenen Leute. Es gefällt ihm, Abraham in Versuchung zu führen, damit der seinen eigenen Sohn töte – obwohl der Versucher doch der Teufel sein müßte; er duldet, daß ausgerechnet sein frommer Knecht Hiob Schicksalsschläge ohne Zahl erdulden muß und sich nicht einmal beschweren darf.

Am Ende macht Gott freilich alles wieder gut. Offensichtlich bereut er, in der Strafsache Hiob auf einen etwas zwielichtigen Berater gehört zu haben, ein Mitglied seines Hofstaats, sein Name: Satan. Zu dessen Arbeitsplatzbeschreibung gehört es, die Menschen im Auftrag Gottes zu prüfen und zu strafen. Daher der Name dieses aus der Art geschlagenen Engels: Er leitet sich ab vom hebräischen Verb «satan», was «verfolgen, nachstellen» bedeutet.

Dieser himmlische Angestellte und boshafte Ohrenbläser, den das Alte Testament ausdrücklich auf hebräisch «ha bene-elohim» nennt, einen von Gottes Eigenen, machte Karriere: Er wurde zum Teufel, zum Inbegriff des Bösen. Sein beruflicher Aufstieg (oder sollte man sagen: Abstieg) begann im 6. Jahrhundert v. Chr., als die Juden Untertanen des Perserreichs wurden und die Lehre des Zarathustra kennenlernten, die auf einer strengen Scheidung von Gut und Böse aufbaut. Das Gute sieht der Zoroastrismus in der Lichtgestalt des göttlichen Ahuramazda verkörpert. Dessen Gegenspieler ist der Fürst der Finsternis, der bitterböse Ahriman. Dieses dualistische Prinzip legten die Juden nun ihrer eigenen Glaubenswelt zugrunde. Ihren bis dahin unaussprechlich gewaltigen und fürchterlichen Gott erlösten sie vom Übel und machten ihn gut, Satan dagegen wurde fortan als Bösewicht verteufelt und zum «Erbfeind» erklärt, weil er durch den Sündenfall im Paradies jedem Menschen in die Wiege bzw. in die Gene gelegt sei.

Der Satan bringt die rechte Ordnung durcheinander und führt die Menschen vom richtigen Weg ab: «Durcheinanderbringer» bedeutet sein griechischer Name «diabolos» (von «diaballein»: entzweien, verfeinden, durcheinanderbringen). Daraus ging der bairische Deifi ebenso hervor wie, über die lateinische Zwischenform «diabolus» und mit einem kleinen Umweg übers böse Heidentum, der deutsche Teufel. «Tiufal» hieß der diabolische Kerl im frühen Mittelalter, als die Germanen zum Christentum bekehrt wurden, eine Eindeutschung, die vom Geschick der päpstlichen Missionare zeugt. Tiu (auch Ziu und Tyr genannt) war der germanische Kriegsgott, und althochdeutsch «fal» meint «Fall, Sturz»: Der «tiufal» war also eine gefallene Götze, ein gestürzter Abgott – eben der Teufel. Oder mit einem anderen Namen: Luzifer.

Der Legende nach war der ein Engel, den Gott aus dem Himmel hinabgestürzt habe in die Hölle. Daß Luzifer einst dem Licht der Welt nahestand, beweist sein Name, denn dieser Fürst der Finsternis heißt paradoxerweise «Lichtträger»; das lateinische «Luzifer» setzt sich zusammen aus «lux» (Licht) und «ferre» (tragen).

Bei den Römern war das ein Beiname des Morgensterns, den sie für eine Tochter der Aurora hielten, der Göttin der Morgenröte. Wie die Venus im Schein der aufgehenden Sonne verblaßt, so mußte Luzifer Gott weichen: Wie das geschah, war mit einigem Interpretationsgeschick zwei Bibelstellen zu entnehmen.

Da ist zum einen der alttestamentarische Prophet Jesaja. Er verhöhnt den tiefen Fall des hochmütigen «Königs zu Babel» und vergleicht den trügerischen Glanz seines einstigen Großreichs mit dem hellen Schein der Venus, der bald schwindet: «Deine Pracht ist herunter in die Hölle gefahren. Wie bist du vom Himmel gefallen, du schöner Morgenstern!» (Kapitel 14, Vers 11f.). Zum anderen überliefert Lukas ein Jesuswort (Kapitel 10, Vers 18): «Ich sah den Satan vom Himmel fallen wie einen Blitz.» Da die christliche Theologie viele Stellen des Alten Testaments als Voraussagen aufs

Neue Testament interpretiert, war die Schlußfolgerung zwingend: Morgenstern und Satan sind eins, Luzifer ist der Teufel.

Als Inkarnation des Bösen wurde der Teufel zum Sündenbock. Schon seit Moses' Tagen hatte der Hohepriester alljährlich an Jom Kippur einen Ziegenbock symbolisch mit den Sünden Israels beladen und in die Wüste geschickt. Die Christen übernahmen dieses tierische Sinnbild für das Schlechte und zeichneten den für seine ungezügelte Geschlechtskraft berüchtigten griechischen Hirtengott Pan hinein: So kam der arme Teufel zu seinen zotteligen Bocksbeinen, seinen Hufen und Hörnern, seinem Schweif und sogar seinem höllischen Schwefelgestank, der im strengen Geruch des geilen Ziegenmännchens sein Vorbild hat.

Der Teufel hatte einen Körper erhalten und wurde, den leibfeindlichen Christen ein Greuel, der sprichwörtliche Leibhaftige, der endlich in nahezu jede Gestalt schlüpfen konnte, die einer Schlange, einer Kröte, einer Katze oder einer schönen Frau. Damit man ihm nicht auf die Schliche kommt, hat er sich im Lauf der Zeit eine Unmenge Tarnungen einfallen lassen: Haargenau 1758640176 Inkarnationen zählte im Jahr 1988 der Jesuit, Prälat, vatikanische Sachverständige und Chefexorzist der Diözese Rom, Corrado Balducci.

Ein Exorzist sollte sich allerdings davor hüten, den Teufel mit dem Beelzebub auszutreiben, d. h. das alte Übel durch ein Neues zu ersetzen. Auch der Beelzebub ist eine der Verkörperungen des Teufels, in ihm steckt der phönizische Obergott Baal. Das Alte Testament berichtet, wie anfällig die Israeliten für Baal waren, und verspottet ihn mit einem Wortspiel: Aus dem hebräischen «baal zewul», Herr des Himmels, machte es ein «baal zewuw», Herr der Fliegen. Daraus wurde bei Luther der Baal-Sebub (2 Könige 1, 2–16) und endlich der Beelzebub (Mt. 12,24), der dem deutschen Ohr so lächerlich klingt, wie es der Intention der Bibel entspricht: Wenn es gegen den bösen Feind geht, sitzt sogar Gott einmal auf der Bank der Spötter.

Diesseits von Gut und Böse

Niemand hat über Gut und Böse so radikal nachgedacht wie Friedrich Nietzsche: jener Philosoph, der seinen Zeitgenossen zeigen wollte, «wie man mit dem Hammer philosophiert». Er wollte die heiligen Güter des 19. Jahrhunderts zertrümmern: Religion und Moral. In seinem Buch «Jenseits von Gut und Böse» kritisierte er das Christentum als «Sklaven-Moral», und in der Streitschrift «Zur Genealogie der Moral» sezierte er ohne Rücksicht auf gängige Vorurteile die Werte «gut», «böse» und «schlecht».

In dieser Streitschrift richtete Nietzsche eine Frage speziell an die Philologen: «Welche Fingerzeige giebt die Sprachwissenschaft, insbesondere die etymologische Forschung, für die Entwicklungsgeschichte der moralischen Begriffe ab?» Nietzsche, der in historischen Dingen und in sprachgeschichtlicher Hinsicht mit genialer Willkür und reichlich spekulativ verfuhr, ahnte vielleicht, daß seine Analysen ein solides Fundament gebraucht hätten.

Jedenfalls scheint seine «Umwertung aller Werte» des öfteren auf einer Umwortung der Worte zu fußen. So ist Nietzsche für den Begriff «gut» überzeugt, daß «überall ‹vornehm›, ‹edel› im ständischen Sinne der Grundbegriff ist». Doch die Wortgeschichte bestätigt das nicht. Als Wurzel läßt sich ein germanisches Adjektiv «goda» erschließen; aus ihm entwickelten sich auch die deutschen Wörter «Gatte», «vergattern», «begatten» und das englische «together». Sie alle gehen auf ein indogermanisches Verb mit der Bedeutung «zusammenfügen, zusammenpassen» zurück: Das aber heißt, daß «gut» in sozialer Hinsicht eher den Wert der Gemeinschaft unterstreicht statt den besonderen Rang eines vornehmen Standes, einer aristokratischen Schicht.

Nietzsche gewahrt im «Guten» außerdem einen ursprünglich sozialpsychologischen Aspekt, «‹gut› im Sinne von ‹seelisch-vornehm›, ‹edel›, ‹seelisch-privilegiert›». Vielleicht dachte er an das antike Rom: Dort legte sich eine Senatorenfraktion den Namen der «Optimaten» zu, um sich von den – freilich ebenso adligen – «popularen» Senatsherren abzugrenzen.

Aber der Name «Optimaten» bezeichnete gar nicht «die Besten», sondern «die Begüterten»; «optimus» hieß zuallererst «reich, vermögend». Nicht der Seelenadel, sondern materieller Besitz zeichnete diese Leute aus, die sich, um an den Begriffsursprung von «gut» zu erinnern, also durch das Zusammenfügen von Dingen in die eigene Hand hervortaten. Erst danach bildete sich die andere Bedeutung aus, die den aus Hab und Gut bestehenden wahren Kern optimal verschleiert.

In Nietzsches Sicht von Herr und Knecht kennzeichnet der Dualismus von gut und schlecht die «Herrenmoral». Die christliche Sklavenmoral wird hingegen vom Gegensatz zwischen gut und böse geprägt. «Böse» ist Nietzsche zufolge ein Sklavenbegriff. In der «Genealogie der Moral» fragt er, «wer eigentlich ‹böse› ist. In aller Strenge geantwortet: eben der ‹Gute› der andren Moral, der Vornehme, der Mächtige, der Herrschende, nur umgesehn durch das Giftauge des Ressentiment.»

Die Etymologie stützt das nicht. Das zugrundeliegende germanische Adjektiv «bausja» meint bloß: «gering, wertlos», ohne damit eine moralische Wertung vorzunehmen. So ethisch neutral blieb das Böse bis ins 17. Jahrhundert. Erst dann begann die moralische Verdammung, die bis dato das Wort «übel» ausdrückte, in das unschuldige Adjektiv «böse» einzufließen. Ähnlich degenerierte «gemein», eigentlich das Gemeinsame und allen Zukommende, zum Niederträchtigen und «schlecht» zum Minderwertigen. Nietzsche erkannte zwar, «dass das deutsche Wort ‹schlecht› mit ‹schlicht› identisch ist und ursprünglich den schlichten, gemeinen Mann noch ohne verdächtigenden Seitenblick, einfach im Gegensatz zum Vornehmen bezeichnete». Diese einfache, schlichte Bedeutung ist im Wörtchen «schlechthin» noch zu spüren, in der Wendung «recht und schlecht» noch zu ahnen.

Aber Nietzsche, der den Abstieg von «gemein» und «schlecht» bemerkte, übersah, daß diese Entwicklung seine Weltsicht eher widerlegt: Daß nämlich das Giftauge des Ressentiments im Antlitz der hohen Herren liegt. Aus deren Perspektive verkam auch das Volk, der lateinische «populus», zum deutschen «Pöbel», und obendrein rührt von diesem «populus» sogar der überflüssige Kram, der «Pofel» her: Der reiche Handelsherr Jakob Fugger nannte 1525 die aufständischen Bauern «gemein pofel».

Einige von Nietzsches Thesen sind zweifelhaft, wenn nicht unhaltbar, diese Fingerzeige giebt jedenfalls die Sprachwissenschaft, insbesondere die etymologische Forschung, für die Entwicklungsgeschichte der moralischen Begriffe ab. Auch Nietzsches Versuch in den späten Schriften, seine Erkenntnisse gewaltsam in das Schema von «Herren»- und «Sklavenmoral» zu pressen, erscheint in dieser Perspektive untauglich. Gleichwohl trifft, weil die Sprachwissenschaft nicht die wichtigste Stütze für Nietzsches Gedankengebäude ist, die Kritik an Religion und Ethik oft zu und ist noch in ihren Irrtümern erhellend.

Mit Erfolg entkleidete Nietzsche die Moral vieler Geheimnisse und Mythen, auch wenn er im einzelnen danebenargumentierte. So attackierte er zu Recht den seinerzeit verbreiteten Glauben, die Moral sei göttlichen Ursprungs, wie es die Bibel behauptet. «Siehe, Adam ist geworden wie unsereiner und weiß, was gut und böse ist», spricht Gott der Herr im ersten Buch Mose, Kapitel 3, Vers 22. Der radikal diesseitige Philosoph Nietzsche aber hielt die Moral für eine Erfindung des Menschen. Ihr liege ein Messen zugrunde: Man mißt das Verhältnis zweier Personen und stellt fest, wer in des anderen Schuld steht; oder auf einer höheren Stufe: Der Mensch mißt und vergleicht Werte. «Das Wort ‹Mensch› bedeutet ja den Messenden, er hat sich nach seiner größten Entdeckung benennen wollen!» behauptet Nietzsche in «Menschliches, Allzumenschliches».

Abermals irrt er im Detail: Das Wort «Mensch» hat nichts mit «messen» zu tun, sondern ist verwandt mit lateinisch «mens» und geht auf eine indogermanische Wurzel zurück, die «Geist», «denken» oder auch «Erinnerung» bedeutete – noch das englische Wort «mind» und unser Verb «mahnen» erinnern daran.

Messen und Vergleichen wird für die Ausbildung der Moral schon wichtig gewesen sein. Nur, was Nietzsche nicht ahnen konnte, als er den Menschen auf Gottes Thron setzte, messen und vergleichen können ansatzweise schon Tiere. Eine Art Ethik haben nämlich schon Schimpansen, wie der US-amerikanische Biologe Edward O. Wilson herausfand: «Sie kennen so etwas wie richtig und falsch. Sie belohnen Freundschaft und gegenseitige Übereinkunft und bestrafen Individuen, welche die Regeln der Gemeinschaft übertreten. In solchen Verhaltensweisen liegt vermutlich der Ursprung der menschlichen Moral.»

Ins Bockshorn gejagt

«Kurz und bündig», so der Titel seines 1950 erschienenen Buches, gab Erich Kästner Bescheid, was vorbildliche Moral ist: «Es gibt nichts Gutes / außer: Man tut es.» Was aber, wenn man mal wieder Böses getan hat? Dann ist es höchst angenehm, wenn man die Schuld auf jemand anderen abwälzen kann: auf den Sündenbock.

Was es mit dem auf sich hat, steht im 16. Kapitel des dritten Buches Mose. Danach handelt es sich ursprünglich um einen Brauch beim jährlichen Versöhnungsfest Jom Kippur.

Der Hohepriester hatte zunächst das «von der Unreinigkeit der Kinder Israels» beschmutzte «Heiligtum», dann die «Hütte des Stifts» und den «Altar» zu entsühnen. Danach wurde ein Ziegenbock herbeigebracht: «Da soll denn Aaron seine beiden Hände auf sein Haupt legen und bekennen auf ihn alle Missetat der Kinder Israel und alle ihre Übertretung in allen ihren Sünden, und soll sie dem Bock aufs Haupt legen und ihn in die Wüste laufen lassen, daß also der Bock alle ihre Missetat auf sich in eine Wildnis trage.»

Aaron war der erste Hohepriester noch zur Zeit der Wanderung durch den Sinai. Als sich die Israeliten in Kanaan festgesetzt und Jerusalem zur Hauptstadt erkoren hatten, änderte sich der Brauch zwar im Detail – das Tier wurde hinter dem Tempel an einen Abgrund geführt und hinabgestoßen –, der Sinn aber blieb erhalten: Der Sündenbock wurde symbolisch mit den eigenen Verfehlungen beladen und weggeschafft, so daß man selbst sich wieder frei und rein dünken konnte.

Die Römer kannten einen ähnlichen Brauch: Eigentlich sah ihr Zwölftafelgesetz aus der Mitte des fünften vorchristlichen Jahrhunderts für Mord die Todesstrafe vor. Ausgenommen war indes die fahrlässige Tötung: «Wenn die Waffe mehr von der Hand geflohen ist, als daß sie geworfen wurde, wird ein Bock gestellt», der also stellvertretend für den Täter zum Objekt der Rache wird.

Beides sind merkwürdige Bräuche, aber eines sollen diese gelehrten Erklärungen für den ominösen Sündenbock nicht: den Leser einschüchtern, ihn ins Bockshorn jagen. Woher diese Redensart stammt, weiß man bis heute nicht. Mit Schuld und Sühne hat sie vielleicht ebenfalls zu tun, weil der Satan gern Bocksgestalt annimmt; man jagt also den Übeltäter in die Hörner des Teufels. In

Betracht kommen außerdem die sogenannten «Bocksställe», wie man in der alten Schule die Strafecken nannte, in die der Lehrer ein Kind verbannte, das den Unterricht störte. Noch Ärgeres drohte männlichen Tieren: Sie wurden zur Kastration in ein Gestell gezwungen, das womöglich Bockshorn genannt wurde.

Denkbar aber auch, daß das Bockshorn eigentlich ein «bockes hamo», ein Bockshemd, nämlich ein Ziegenfell ist. Einst mußte ein Übeltäter wider die Volkssitten oder das Brauchtum, dessen Vergehen nicht eigentlich eine Straftat war und deshalb nicht gerichtlich geahndet werden konnte, sich ein solches Fell überstreifen und sich sein Sündenregister vorlesen lassen. «Haberfeldtreiben» nannte man das, wobei «Haber» kein Mundartwort für den Hafer ist, sondern, wie in «Habergeiß», die Ziege bezeichnet, und das «Feld» war ursprünglich ein Fell. Ähnlich modelte sich der Volksmund das «bockes hamo» zurecht, indem er es zum Bockshorn umdeutete, wobei kein Gehörn gemeint ist: Unter «Horn» versteht man auch eine schützende Außenschicht, Hornhaut zum Beispiel. Zu dieser Herleitung paßt, daß man früher jemanden ins Bockshorn nicht «jagte», sondern «zwang»: Man nötigte den Unglücklichen also, das «bockes hamo», das Bockshorn anzuziehen.

Von Bedeutung könnte aber auch ein jüdischer Ritus sein. Um den Satan fernzuhalten, Angst zu verbreiten oder zur Begleitung bei einer Exkommunikationen wurde das Schofar geblasen, ein aus Widderhorn gefertigtes kultisches Instrument. Luther übersetzte es als «Posaune». Die Posaunen des Jüngsten Gerichts aber sind auch den Christen bekannt, im achten Kapitel der Offenbarung verbreiten sie Angst und Schrecken: Sie schüchtern ein, jagen die Sünder sozusagen ins Schaf-Bockshorn.

Eine letzte Deutungsmöglichkeit: Ob Schofar oder Posaune, der Schall warnt vor Gottes Zorn. Weil man aber den Namen des Allerhöchsten nicht anrufen soll, wurde «Gottes Zorn» zum «Box Zorn» verballhornt und daraus das Bockshorn. «Boxhorn soll dich schänden / du dicke / quadratische, vierckete wampe» – dieser Fluch steht in Michael Lindeners Schwanksammlung «Katzipori» von 1558.

Vollständig erklären kann die Redensart letztlich kein einziger dieser Deutungsvorschläge. Der Volkskundler Lutz Röhrich, der sich eingehend mit ihr befaßt hat, zieht das Fazit: «Gerade das Rätselhafte, das nicht ohne weiteres Verständliche trug zu ihrer Erhaltung bei. Vielleicht hat auch die bewußte oder unbewußte Freude am ausdrucksvollen Wortklang an der Erhaltung und Verbreitung mitgewirkt.» Und das gilt überhaupt für viele altüberlieferte Wörter, Redensarten und Bräuche – auch für den armen Sündenbock.

Hier beißt die Maus den Faden ab

Elefant und Mäuschen gehen zum Standesamt. Der Standesbeamte ist perplex: «Was, Sie wollen heiraten-?!» Darauf das Mäuschen, sanft errötend: «Wir wollen nicht. Wir müssen ...»

Die Elefant-und-Mäuschen-Witze, die vom grotesken Kontrast zwischen Groß und Klein leben, waren in den 60er Jahren in Mode. Aber auch für ernste Redensarten macht sich der Volksmund den anschaulichen Gegensatz zunutze: Wenn er etwa davon spricht, daß ein Schiff mit Mann und Maus untergeht, so stellt er das Wichtigste und das Geringste zusammen, das sich an Bord befindet, und drückt damit aus, daß unterschiedslos alles umkommt.

Überhaupt spielt die winzige Maus eine riesige Rolle im menschlichen Leben. Einst trieb sie ihr Unwesen als Schädling in der Speisekammer, heute ist sie in vielen Redewendungen verbreitet. Sie leiht der sprichwörtlichen grauen Maus ihren Namen, jenem unscheinbaren Durchschnittsmenschen, den man so wenig bemerkt wie das kaum je zu hörende und zu sehende Nagetier: Mäuse verhalten sich mucksmäuschenstill, und ihr graues Fell macht sie unauffällig, weil es die Mitte zwischen den Extremen Weiß und Schwarz hält.

Um den Nager aus der Reserve zu locken, muß man ihm einen Köder hinhalten: Mit Speck fängt man Mäuse, entsprechend kann man mit dem richtigen Lockmittel bei seinen Mitmenschen viel erreichen. Bleiben aber alle Versuche vergeblich, so ist das zum Mäusemelken – was in der Tat ein zum Verzweifeln aussichtsloses und unsinniges Unterfangen wäre.

Wie die Maus nachts «ab in die Falle» geht, so geht der Mensch abends zu Bett und rührt sich in seiner Kiste nicht mehr vom Fleck. Vor allem Kinder müssen pünktlich zu Bett, da beißt die Maus keinen Faden ab.

Schon im sechsten Jahrhundert vor Christus erfand der griechische Fabeldichter Äsop die Geschichte von dem Löwen, der sich in einem Netz verfing und sich nicht befreien konnte. Doch ein Mäuslein, das der König der Tiere einst aus seinen Fängen großmütig hatte entwischen lassen, kam ihm zu Hilfe und zernagte die Maschen. Im 17. Jahrhundert erzählte Jean de La Fontaine die Fabel neu und machte sie populär. Ganz im Sinn des denkbar größten Kontrasts und erfüllt von humanem Geist, wollten beide Autoren darauf aufmerksam machen, daß Groß und Klein, Hoch und Niedrig aufeinander angewiesen sind.

Die einfachen Leser zogen eine viel praktischere Lehre: Hätte die Maus nichts ausrichten können, wäre der Löwe verloren gewesen; also ist dort, wo die Maus keinen Faden abbeißt, nichts mehr zu ändern. Durchsetzen konnte sich diese Sicht der Dinge, weil in den vorindustriellen Zeiten die Maus dem Menschen wohl wirklich manchen Faden durchbiß, und zwar beim häuslichen Spinnen. Zeit für diese Hausarbeit war in den Wintermonaten, wenn die Feldarbeit ruhte. Am 17. März, dem Tag der heiligen Gertrud von Nivelles, der Schutzpatronin gegen Ratten und Mäuse, stellte man das Spinnrad, den Rocken, wieder in die Ecke: Die Zeit der Webarbeiten war vorüber, es begann das Ackern draußen. Wer gleichwohl weiterspann, dem würden die Nager den neuen Stoff gleich wieder zerfressen, womit die ganze Webarbeit umsonst wäre: «Gertrud hört mit Spinnen auf, sonst läuft die Maus den Rocken hinauf / und beißt den Faden ab», drohten bäuerliche Merkverse. Damit sich das nicht nur dem Ohr, sondern auch dem Auge einprägt, wurde im Bauernkalender die heilige Gertrud mit Spindel und Maus abgebildet. So wurde es jedem klar: Unabänderlich wie die Abfolge der Jahreszeiten mit ihrem festgelegten Arbeitswechsel ist ein Sachverhalt, an dem die Maus keinen Faden abbeißt.

Heute ist die Maus im Haushalt ein seltener Gast. Weit häufiger sieht man ihren Namensvetter aus der Welt der Technik, die Computermaus, die der echten in Größe und Form und wegen ihres Kabels, das an den Schwanz erinnert, ähnelt. Erfunden wurde dieses Eingabehilfsmittel schon Anfang der 60er Jahre von einem gewissen Douglas Engelbart im Stanford Research Institute, das in Palo Alto liegt, jener Region also, die später als Silicon Valley bekannt wurde. Diese Urmaus war ein eckiges Holzgehäuse mit einem einzigen Druckknopf rechts oben zum Anklicken und einer Kugel an der Unterseite, deren Rollbewegungen an den Rechner übertragen und auf dem Bildschirm ausgeführt wurden, ohne daß man sich umständlich mit den Pfeiltasten zur gewünschten Koordinate bewegen mußte. In den 70er Jahren wurden der Maus im Palo Alto Research Center mehrere Tasten verpaßt, und in den 80ern, als Apple die Computerei zum Volkssport machte, trat die Rechnermaus ihren Siegeszug über den Globus an. Jahrhunderte zuvor hatte sich im Gefolge des Menschen bereits die Echtmaus bis in entlegene Weltgegenden ausgebreitet.

Eulen nach Athen

Es gibt viele Möglichkeiten, Überflüssiges zu tun. Im klassischen Griechenland konnte man einen Brunnen neben dem Fluß graben, Wasser vom Kanal zum Meer tragen oder Fische zum Hellespont bringen. In Deutschland kann man Wasser in den Rhein tragen oder dem Tag ein Licht anzünden. Und man kann, heute wie vor 2500 Jahren, Eulen nach Athen tragen.

Das war in der Antike in mehrfacher Hinsicht überflüssig. Erstens gab es viele Eulen in Athen, wo sie vor allem in den Abhängen der Akropolis hausten. Zweitens hießen die Athener Münzen «Eulen», weil ihnen eine Eule aufgeprägt war. Auch diese «Eulen» waren zahlreich: Die Athener waren geschäftstüchtige Leute und ihrem Komödienschreiber Aristophanes zufolge deshalb so reich, weil – wie er in seinem Stück «Die Vögel» schrieb – in ihren Geldbörsen «Eulen» nisten und Junge ausbrüten. Drittens schließlich war die Athena, die Schutzpatronin der Stadt, zugleich die Göttin der Weisheit und der Wissenschaft. Deren Symboltier war die Eule, der man, weil sie im Dunkeln zu sehen vermag, Klugheit zuschrieb.

Der Athena entsprach bei den Römern die Minerva. Auf sie bezieht sich Georg Wilhelm Friedrich Hegel in der Vorrede zu den «Grundlinien der Philosophie des Rechts» von 1821 mit der sprichwörtlich gewordenen Formulierung: «Die Eule der Minerva beginnt erst mit der einbrechenden Dämmerung ihren Flug.» Soll heißen: Wahre Erkenntnis ist erst möglich, wenn das tatsächliche Geschehen vorbei ist und man es mit Abstand betrachten kann.

Die Eule steht für Wissen und Weisheit, aber zugleich werden die häßliche Eule und ihr schauerlicher Ruf – der Name «Uhu» ahmt ihn nach – mit Unglück und Tod in Verbindung gebracht. So verschieden ist es im Leben.

Das drückt auch die Redensart «Was dem einen sin Uhl, ist dem anderen sin Nachtigall» aus, nämlich: Was der eine nicht mag, schätzt ein anderer. Die beiden Nachtvögel veranschaulichen diese Gegensätze: Glück, Liebe und Wohlklang symbolisiert die Nachtigall, Unglück, Tod und Häßlichkeit der Uhu. Schon in der Antike galt der große Kauz nicht nur als besonders gescheit, sondern auch als unheilbringend: Die unheimliche Nachteule war ein Trauer- und Totenvogel und das Symboltier der Unterwelt.

Weder mit Weisheit noch mit Unglück hat dagegen der Name «Eulenspiegel» zu tun. Wie Till selbst kommt das Wort aus dem Norden: «Eulen» ist plattdeutsch «ulen», was «fegen, reinigen» bedeutet, während der – heute in der Jägersprache bekannte und auf das helle Hinterteil von Reh und Meister Lampe bezogene – «Spiegel» scherzhaft das blanke Gesäß meint. Auch wer nicht klug und weise ist, kann sich den Rest der Namenserklärung wohl selber denken.

Was aber ist davon zu halten, wenn man einem Eskimo einen Kühlschrank verkauft? Oder, um von der Redensart zur Realität zu wechseln, wenn eine englische Firma Buschtrommeln nach Nigeria verkauft? Oder wenn ein anderes englisches Unternehmen Öl nach Arabien exportiert? So geschehen in den 70er Jahren. Man muß also heutzutage gar nicht Eulen nach Athen tragen.

Ziefer und Ungeziefer

Nicht nur das Judentum und der Islam kennen reine und unreine Tiere. Auch die heidnischen Germanen trafen eine ähnliche Unterscheidung. Davon kündet bis heute das «Ungeziefer»: Was jetzt in Haus und Garten stört, war einst ungeeignet als Opfertier für die Götter.

Die Vorsilbe «un» weist darauf hin, daß es früher auch «Ziefer» gab. In der Tat: Althochdeutsch «zebar» hieß jene Sorte Tier, die den Göttern zum Wohlgefallen geopfert und verzehrt werden durfte. Davon geschieden war das unreine Getier, das kein Geziefer war, sondern eben Ungeziefer.

Das «zebar» verschwand zusammen mit den heidnischen Kulten, denn das Christentum kennt kein Tieropfer. Das Ungeziefer aber, das schon in der alten Religion keinen Platz hatte, war vom

Glaubenswandel nur insofern betroffen, als es sich vom religiösen Störenfried in einen profanen Schädling verwandelte. Dabei wurde es im Lauf der Zeit sogar zwei Nummern kleiner: Zuerst meinte das Wort schädliche Tiere allgemein, dann nur kleine wie Ratten und Mäuse und heute Insekten und ähnliches Krabbelzeug.

Das Ungeziefer kann zwar nicht mehr den germanischen Opferstein verunreinigen, wohl aber den Haushalt – und den Geist: Altem Volksglauben zufolge kriechen Insekten dem Menschen in den Kopf und sorgen im Oberstübchen für Unordnung. Vom Ohrwurm, der sich im Gehörgang einnisten wolle, glaubt man so etwas bis heute. Auch die Redeweise «jemandem einen Floh ins Ohr setzen» gehört hierher: Wie der echte Floh sein Opfer körperlich peinigt, ohne loszulassen, so gönnt der geistige Floh, alias das unerfüllbare Wunschdenken, dem davon Befallenen keine Ruhe. Ein weiteres Kerbtier, das den Hirnkasten verunreinigt, ist die Grille, weshalb man einen absonderlichen Gedanken, eine seltsame Laune, eine Schrulle nach ihr benennt.

Daß Insekten dem Menschen in den Kopf krabbeln, ist selber ein verrückter Einfall. Möglicherweise verdankt sich der keineswegs einem kranken Gehirn, sondern mehreren hochgelehrten. Insekten sehen für den Menschen absonderlich aus, und daher meinte schon lateinisch «grillus» nicht nur die zirpende Heuschreckenart, sondern in übertragener Bedeutung auch die Groteskmalerei, die verzerrte Abbildung von Mensch und Tier: In diesem Sinn verwendet vor fast zweitausend Jahren Plinius das Wort. Als man im Zeitalter des Humanismus, im 16. Jahrhundert, die antiken Autoren wiederentdeckte, wurde der groteske Nebensinn im Deutschen heimisch. «Von seltsamen fantastischen Tieren und Grillen» schreibt 1575 Johann Fischart. 200 Jahre später bemerkt Goethe: «So zerrüttet auch Dürer mit apokalyptischen Bildern, Menschen und Grillen zugleich, unser gesundes Gehirn.» Ihm folgt Schiller: «Mir sollte eine Grille im Kopfe surren.»

Es gibt jedoch auch eine nützliche Grille, jedenfalls bildlich verstanden: «Das Heimchen am Herd», wie es nach dem deutschen Titel der Weihnachtserzählung «The Cricket on the Hearth» von Charles Dickens sprichwörtlich wurde. Eigentlich ist das Heimchen eine Grillenart, die in Küche und Backstube lebt. Dort aber gehörte nach alter Tradition auch die brave Haus- und Ehefrau hin.

Heute bewertet man das freilich anders und versteht unter dem Heimchen eine unemanzipierte Frau.

Die häusliche Grille ist infolge der modernen Hygiene selten geworden, dafür hat anderes Ungeziefer sogar die scheinbar aseptische Welt der EDV erobert. Als die Computeranlagen noch hausgroß waren, nisteten Käfer, Wanzen und Schaben in der warmen, vor Feinden geschützten Umgebung der Schaltkreise und verursachten Kurzschlüsse, die den Rechner abstürzen ließen. Entsprechend heißt der schwere System- oder Programmfehler englisch «bug», ins Deutsche übersetzt: Ungeziefer.

Etwas aus der Armenkasse

Wer im Wohlstand lebt, lebt angenehm, und wer angenehm lebt, kann großzügig zu seinen Gästen sein: Denn «es ist hier nicht wie bei armen Leuten, wo das Klavier in der Küche steht, wo die Möbel an die Wand gemalt sind und die Tapeten durch Fliegendreck ersetzt werden» – um drei Redensarten aus der Zeit um 1900 zu zitieren.

Das Sprichwort hält kein Geld, aber Trost für die Armen parat: «Armut schändet nicht.» Gute Worte spendet auch die Kirche, nämlich Lukas 6,20: «Selig seid ihr Armen; denn das Reich Gottes ist euer.» Aber ausgerechnet die Kirchenmaus ist besonders arm dran, weil es in der Kirche keine Speisekammer gibt und sie verhungern muß.

Mit der Kirche zu tun hat auch das Hungertuch, an dem man nagt. Eigentlich heißt es «am Hungertuch nähen»: Das Hungertuch war ein großer, aus Einzelstücken zusammengenähter Vorhang, der mit Darstellungen von Jesu Leidensweg bestickt war und während der Fastenzeit vor dem Altarraum aufgehängt wurde, um zur Buße zu mahnen. Als der Brauch ausstarb, wurde die ursprüngliche Formulierung unverständlich und das «Nähen» zum «Nagen», zumal hungrige Mäuler eher etwas zu nagen als zu nähen brauchen.

Heutzutage gehen die Armen aufs Sozialamt, um Sozialhilfe zu beantragen. Früher beantragten sie bei der Gemeinde ein Armutszeugnis: einen Bedürftigkeitsausweis, um Leistungen nach dem Armenrecht beanspruchen zu können. Ein Armutszeugnis bekam

Johann Paul Friedrich Richter alias Jean Paul mit auf den Weg, als er 1781 vom Gymnasium in Hof an die Universität Leipzig ging: «Da Armut niemandem zur Unehre gereicht, der nach Reichtum an Tugend trachtet, braucht der wahrlich nicht zu erröten, der um dies Zeugnis gebeten hat, der vortreffliche Jüngling J.P.Fr. Richter, ein armer, ja ärmster Mensch», hieß es darin.

Nicht wer arm ist, sondern wer sich als unfähig oder dumm – eben als geistig arm – erweist, stellt sich noch heute ein Armutszeugnis aus. Ein solches Armutszeugnis aber war das von Jean Paul gerade nicht, «denn dieser Jüngling brennt dermaßen vor Lernbegierde, daß wir dafür bürgen können, jeder, der Richters Kenntnisse prüfen will, werde sich mit Vergnügen davon überzeugen, daß derselbe nicht nur in Sprachen, sondern vornehmlich in der Philosophie für sein Alter sehr fortgeschritten ist.»

Wer freilich das Armutszeugnis besaß, bekam hoffentlich nichts aus der Armenkasse: Die teilt nämlich kein Geld, sondern Prügel aus und ist ein Wortspiel mit «arm» und «Arm»!

Eine Bank ist eine Bank ist keine Bank

Ähnlich wie sich Wörter und Redensarten aus der Taler- und-Heller-Epoche erhalten haben, werden auch Sprichwörter und Ausdrücke der Mark-und-Pfennig-Zeit überleben. Im einzelnen kann zwar niemand vorhersagen, ob der Knauser ein Pfennigfuchser bleibt, der Glückspfennig im Eincentstück fortlebt, der Groschen als Zehncentmünze überdauert und ein ausgebuffter Geschäftsmann weiterhin eine schnelle Mark machen kann statt vielleicht einen flotten Euro haben wird.

Einige Redewendungen werden vielleicht in eine neue Form gegossen. Eine könnte dann lauten: «Wer den Cent nicht ehrt, ist den Euro nicht wert.» Wer ihn jedoch ehrt und solide vermehren will und weder auf eine schnelle Mark noch einen flotten Euro aus ist, geht zur Bank und zahlt auf sein Konto ein. Früher legte man etwas auf die hohe Kante. Obwohl Kante und Konto ähnlich lauten, sind sie sprachlich nicht verwandt. Wie viele andere Wörter aus dem modernen Bankwesen, das sich im Mittelalter in der Lombardei entwickelte, kommt das Konto aus dem Italienischen. Eigentlich ist es eine Rechnung über Zahlungsein- und -ausgänge, die die

Bank für ihren Kunden führt. «Berechnung» heißt im Lateinischen «computus», woraus die Italiener das «Konto» machten (und die Angelsachsen viel später den modernen Rechner, den Computer).

Heute hat fast jeder ein Konto. Doch bevor im 19. Jahrhundert die Industrialisierung einsetzte und die Banken im Zuge des rasant steigenden Kapitalbedarfs die Vermögen immer größerer Bevölkerungskreise anzapften, trug man seine Notgroschen nicht ins Geldinstitut, sondern versteckte sie auf dem Schranksims oder legte sie auf ein hoch angebrachtes Wandbrett – daher die Redensart von der hohen Kante.

Wer sein Geld zuhause hortet, verzichtet auf die Zinsen, läuft aber nicht Gefahr, seine Ersparnisse durch einen Bankrott der Sparkasse zu verlieren. Auch der trägt einen italienischen Namen: Die «banca rotta» ist ein «zerbrochener Tisch». Gemeint ist der Tisch des Geldwechslers. Dieser mittelalterliche Ahnherr des modernen Bankiers reiste an die Messe- und Handelsplätze, wo Kaufleute aus nah und fern mit fremden Währungen zusammentrafen, wog ihre Münzen und Geldmetalle und tauschte sie um. Arbeitete er aber nicht korrekt oder wurde zahlungsunfähig, so zerschlugen ihm die empörten Kunden den Tisch. Auch wenn das nur bildlich zu verstehen sein sollte, seine Geschäfte waren beendet: banca rotta, Bank kaputt.

Nicht jede Bank ist eben eine Bank, d. h. eine hundertprozentig sichere Sache. Die Bank in diesem Sinn ist im Wettbüro zuhause: Wenn ein Totospieler sich über den Ausgang eines Matchs oder Rennens völlig sicher ist, tippt er in einer Reihe seines Totoscheins durchgehend dasselbe Ergebnis. Eine solche Tippreihe heißt eine Bank; und den Sportler oder die Mannschaft, auf die man in dieser Weise setzt, nennt man ebenso: Deshalb versteht man unter einer Bank auch einen Erfolgsgaranten.

Ob diese Bank hält, was sie verspricht, der Totospieler erfährt es bestimmt. Um eine letzte Redensart anzuführen: Hier wird die Entscheidung nicht auf die lange Bank geschoben, d. h. verzögert, vertagt oder unterbleibt gar. Dieser Ausdruck kommt aus der Welt der Justiz. Vielerorts wurden Gerichtsakten in bankähnlichen Truhen verwahrt. Anders als das Schriftstück auf dem Tisch, das umgehend bearbeitet wurde, blieben sie dort oft lange liegen: «In die lange Truhe kommen», hieß das um 1500.

Berüchtigt für seine Langsamkeit war das Reichskammergericht, das oberste Rechtsprechungsorgan des Heiligen Römischen Reiches Deutscher Nation: Manche Verfahren zogen sich länger hin als ein Menschenleben. Vor diesem höchsten Gericht wurde schriftlich prozessiert. Mündliche Verhandlungen gehen meistens schneller über die Bühne. Aber keine Regel ohne Ausnahme: Beim Verfahren nach dem altem deutschen Recht saßen neben dem Richter auf seinem Richterstuhl die Schöffen auf einer langen Bank zu Gericht, und weil jeder einzelne Schöffe zu jedem einzelnen Punkt des Prozesses nach seiner Meinung zu befragen war, konnte der Prozeß lange dauern, womit das Urteil auf die lange Bank geschoben war. Unter Umständen mußte die Verhandlung sogar vertagt und der Fall dann von neuem aufgerollt werden. Das bedeutet «schieben» im juristischen Sinn: vertagen, an ein anderes Gericht verweisen, auf einen späteren Termin verlegen. Die Sache blieb womöglich unerledigt.

Nicht auf die lange Bank geschoben sei aber die Antwort auf die Frage, warum eine Bank so viele Bedeutungen haben kann. Im Germanischen bezeichnete das Wort eine längliche Erhöhung; in der Sandbank hat sich dieser alte Sinn bewahrt. Später wurde daraus die erhöhte Sitzgelegenheit bzw. die erhöhte Platte, vor der man sitzt: im Deutschen das Sitzmöbel, was auch eine Truhe sein kann; im Italienischen, wo das Wort im Mittelalter Einzug hielt, der Tisch.

Vieles kann also eine Bank sein, ein Sitz, eine Truhe, ein Tisch, ein Geldinstitut, eine Tippreihe, ein Erfolgsgarant, sogar eine Schlafgelegenheit. Ihr verdankt der Bankert, das uneheliche Kind, seinen Namen: Es wurde nicht im Ehebett gezeugt, sondern auf der Schlafbank der Magd und als «Bankhart» verulkt, ein Wortspiel nach dem Namensmuster von Eckhart, Bernhard usw. So war es eben in der schlechten alten Zeit: Wer einen Bankert hatte, brauchte für den Spott nicht zu sorgen. Oder um den Bogen zurück zu den Redensarten mit Mark oder Euro zu schlagen: So mancher Vater zahlte keine müde Mark für sein uneheliches Kind. Mit der neuen Währung kann es nun anders werden: Er zahlt einfach keinen müden Euro.

Von echtem Schrott und Korn

Zur scheinheiligen Überraschung der Politiker und Wirtschaftsexperten wurde der Euro sofort nach seiner Einführung im Jahr 2002 zum «Teuro». Die Satirezeitschrift «Titanic» hatte das zwar schon im Februar 1997 prophezeit, aber das wollte niemand ernst nehmen, am allerwenigsten jene Geschäftsleute und Einzelhändler, die lieber im Januar 2002 die Preise um bis zu 25 Prozent erhöhten. Manche nutzten die Gelegenheit sogar, die Mark 1:1 in den Euro umzurechnen und damit die Preise zu verdoppeln.

Die Kaufleute schlugen aus der Währungsumstellung kräftig Kapital. Doch ihr Verhalten, so ärgerlich es für die Kunden war, ist im Geschäftsleben ganz gewöhnlich: Jeder Mensch und auch man selbst verhält sich bei passender Gelegenheit genauso. Geld herausschlagen, das liegt seit je in der Natur der Sache und des Menschen. Entsprechend alt ist die angeführte Redensart: Sie stammt aus den frühen Zeiten der Geldwirtschaft, als es noch keine Prägemaschinen gab und der Münzer so viele Geldstücke wie möglich aus einer Metallplatte herausschlagen mußte. Von dieser Platte, dem Blech, rührt übrigens das Bezahlwort «blechen» her.

Gutes Geld bestand aus Gold und Silber. Münzen, deren Zahldem Metallwert entsprach, waren von echtem Schrot und Korn. Was heute einen ganzen Kerl bezeichnet, einen Mann von Kraft und Charakter, meinte ursprünglich ein Geldstück mit dem richtigen Gesamtgewicht, dem sogenannten Schrot, und dem korrekten Gehalt an Edelmetall; dieser Anteil war das Korn. Der erste Begriff beruht auf dem Verb «schroten», das früher auch «schneiden» bedeutete und auf das vom Edelmetallklotz für die Prägung geschnittene, eben geschrotete Stück Anwendung fand.

Zum Schrott wird der Schrot, wenn es sich um wertlosen Metallabfall handelt. Heute ist es normal, daß Münzen aus preiswertem Metall gegossen werden, weil der Münzwert nicht mehr an den des Materials gekoppelt ist. Als noch der Gehalt an Gold oder Silber über die Kaufkraft entschied, schnitt jede Münzverschlechterung ins Geld. So brachten in den ersten Jahren des Dreißigjährigen Krieges die Fürsten Münzen mit zu niedrigem Edelmetallgehalt in Umlauf, und zu allen Zeiten pflegten verdächtige Subjekte Münzen am Rand abzuschaben. Um zu prüfen, ob ein Geldstück von echtem Schrot und Korn war, mußte man es auf die Goldwaage legen, die sehr präzise wiegt.

Beim Gold ist das nötig, in der Sprache möglich: Wer seine Worte auf die Goldwaage legt, äußert sich mit Bedacht und überlegt genau, was er sagt. Schon Luther übersetzte so Jesus Sirach, Kapitel 21, Vers 27: «Die unnützen Wäscher plaudern, was nicht zur Sache dient, die Weisen aber wägen ihre Worte mit der Goldwaage.» Andererseits gehört es zum Wesen der Alltagssprache, daß sie ungenau ist. Deshalb nimmt, wer jedes Wort seines Gegenübers auf die Goldwaage legt, es übertrieben genau.

Im Geschäftsleben dagegen muß man exakt sein. Dazu gibt es die Scheidemünze, die eine größere Einheit in kleinere stückelt wie der Cent den Euro in hundert Teile. Sie erlaubt es, bei der Preisgestaltung feinere Unterscheidungen zu machen: Ohne sie wären Schwellenpreise wie 9,98 Euro unmöglich. Selbst ein mickriger Heller ließ sich teilen: «Und es kam eine Witwe und legte zwei Scherflein ein; die machen einen Heller», steht Luther zufolge in Markus 12, 42. Das Scherf, wie es im Mittelalter hieß, war die kleinste deutsche Münze. Sein Name kommt von «scheren», das bekanntlich «schneiden» bedeutet und das kleinste, vom Metallbarren geschrotete Stück meint.

Um nichts, das heißt keinen Deut besser war die kleinste Münze, die in Holland kursierte: eben der Deut. Wie das Scherflein hat auch er allein im Wortschatz überdauert. Im Geldbeutel klimpern beide seit Jahrhunderten nicht mehr. Wenn auch sonst nichts mehr in der Börse klimpert, kann sie daran schuld sein: die Beutelschneiderei. Um diese handelt es sich, wenn eine Ware so überteuert ist, daß man sich beim Kauf betrogen fühlt. Mehr noch, im Grunde ist man bestohlen worden: Das Wort stammt aus einer Zeit, als man seinen Geldbeutel außen an einem Gurt trug, wo ihn geübte Taschendiebe unbemerkt abschnitten. Heute haben die Beutelschneider andere Berufe.

Geld hat man zum Fressen gern

«Erst wenn der letzte Baum gerodet, der letzte Fisch gefangen und der letzte Fluß vergiftet ist, werdet ihr feststellen, daß man Geld nicht essen kann.» Diese Weissagung der Cree-Indianer schrieb sich in den 80er Jahren die Umweltschutzbewegung auf ihre Buttons. Ob beklagt, begrüßt oder neutral konstatiert, immer wieder stößt man auf den existentiellen Zusammenhang von Ökonomie und Ökologie, von Wirtschaft und Natur. Wie nah sich Geld und Leben sind, kommt auch in der Sprache zum Ausdruck.

So stammen die berüchtigten «Bimbes» des tief im Spendensumpf versunkenen Helmut Kohl vom Gaunerwort «Bims» ab, was eigentlich das Brot bezeichnete und später erst das Geld meinte. Dieselbe nahrhafte Bedeutung liegt einem anderen Ganovenwort für Geld zugrunde, der «Marie»; deren Eltern sind der ehrbare Mariatheresientaler und das rotwelsche, aus dem Zigeunerischen kommende Wort für Brot, «maro». Die «Knete» meinte zuallererst die Teigware zur Brotbereitung; und die burschikosen «Otzen» beruhen wahrscheinlich auf den alten Wörtern «atzen» (füttern), «etzen» (speisen, beköstigen, abweiden), «ösen» (vertilgen) und «oß» (Speise, Futter). Mit Sicherheit um Nahrungsmittel handelte es sich bei den römischen «Alimenten»; sie stehen dem «Almosen» nahe, das aus der mildtätigen Verbindung von lateinisch «alimonia» (Ernährung, Unterhalt) und griechisch «eleemosyne» (Mitleid) entstand.

Aus dem Reich der Naturalien stammt auch die «Sportel», der alte Ausdruck für eine Gebühr oder Steuer. Die Sportel hat nichts mit Körperkultur zu tun, eher mit Korbkultur. Ihr heutiger Verwandter ist der Präsentkorb, volkstümlich Freßkorb genannt. In der Antike war die «sportula» nämlich ein Speisekörbchen, später dessen finanzieller Gegenwert, mithin ein Geldgeschenk im Wert einer Mahlzeit. Im Mittelalter waren solche Be- und Beiträge ein fester Teil des Beamteneinkommens.

Nichtverbeamtete Menschen bekamen keine Sporteln, können aber «Trinkgeld» ergattern. Ob mit Viktualien oder mit klingender Münze, einen Boten hatte man zu belohnen: Das schon um das Jahr 900 von dem Sankt Gallener Mönch Notker erwähnte «Botenbrot» war bis ins 19. Jahrhundert Usus. Ein Bote ist auch der Kellner, und daß Trinkgeld geben alter Brauch ist, lehrt ein Blick ins Englische: Dort heißt es «tip», was sich von der «stips» der Römer herleitet, der Gabe, dem Geldbetrag. Davon stammt auch das «Stipendium» ab.

Um auf den gut genährten Helmut Kohl zurückzukommen: Selbst die omninöse «Spende» hängt mit dem Essen zusammen.

«Expensa pecunia» nannten die mittelalterlichen Mönche das ausgegebene Geld, den Proviant; daraus wurde althochdeutsch «spisa» und italienisch «spesa» – Speise das eine, Spesen das andere; und das zugrundeliegende lateinische Verb «expendere» (ausgeben) wurde über mittellateinisch «spendere» eben zur Spende.

Auch in dem anderen eben zitierten lateinischen Wort, «pecunia», steckt eine Naturalie. Zwar ist eine pekuniäre Angelegenheit heute eine reine Geldfrage, die Römer aber spürten in ihrem Wort für «Geld, Eigentum» noch dessen natürliche Grundlage: Einst war es der Besitz an Vieh, lateinisch «pecu», der jemanden reich machte. Ein Rest solchen Wissens hat sich erhalten, denn noch heute weiß man: «Auch Kleinvieh macht Mist», will sagen, auch kleine Geldbeträge soll man nehmen, sie summieren sich.

Angesichts so vieler Ähnlichkeiten von Geld und Nahrung ist es nicht verwunderlich, daß man sich über steigende Preise und höhere Steuern laut aufregt: Solche Dinge schneiden ins Geld, was scheinbar genauso weh tut, als schnitten sie ins Fleisch. Geld ist eben ein Lebensmittel, und die Knete ist das Brot von heute.

Das Milchmädchen, das sich nicht auf der Rechnung hatte

Milch ist gesund, und sie ist ein einfaches, volkstümliches Getränk. Deshalb paßt sie zum biederen Wilhelm Tell, der in Schillers Drama dem Reichsvogt Geßler, den er gleich meucheln wird, in einem Monolog vorwirft: «Meine Gedanken waren rein von Mord – / *Du* hast aus meinem Frieden mich heraus- / Geschreckt, in gärend Drachengift hast du / Die Milch der frommen Denkart mir verwandelt». Auch bei Shakespeare, wenn Lady Macbeth von ihrem Gatten sagt, er sei «zu voll von Milch der Menschenliebe», steht die Milch fürs kindlich Naive und Arglose, auch Weltfremde – und wie verwandelt sich später, als er die Welt kennengelernt hat, auch Macbeth' Milchgemüt in gärend' Drachengift!

Der einfache Mann trinkt heute allenfalls «Milch mit Schaum» – nämlich Bier. Der Säugling aber labt sich an der Muttermilch, und offenbart er im späteren Leben Verhaltensweisen und Fähigkeiten, die er von frühester Kindheit an erlernt haben muß, so hat er sie gewissermaßen mit der Muttermilch eingesogen. Schon der spätantike Kirchenlehrer Augustinus behauptete in seiner Autobiographie: «Den Namen meines Erlösers hat mein Herz zugleich mit der Muttermilch getrunken» – wobei anzumerken ist, daß Augustinus ursprünglich Heide war.

Augustinus schönt seine Vergangenheit vielleicht ein bißchen, wie man das in Memoiren so macht. Immerhin kann er sich fürs Schönen auf den Allerhöchsten berufen: «Das Land, darin Milch und Honig fließt» (2 Mose 3,8), verhieß Gott den Israeliten, was nicht nur sprachlich bedenklich war, weil es «fließen» heißen müßte, sondern auch sachlich zweifelhaft, denn Kanaan war karg und bot keineswegs alles im Überfluß. Eben deshalb zitiert man Gott auch eher scherz- als ernsthaft.

Etwas Besseres als die Wüste fanden die Israeliten in Kanaan freilich allemal. Deshalb sind sie bei ihrem Einzug ins Gelobte Land auch nicht sauer geworden. Das waren sie freilich manches Mal während der vierzigjährigen Wüstenwanderung durch den Sinai: Wenn man zu lange warten muß, schlägt die Zuversicht um wie Milch, die zu lange steht. Oder mit einer anderen Analogie erklärt: Bei Gewitterschwüle zersetzt sich Milch rasch – wer sauer wird, gerät womöglich in Gewitterstimmung und läßt ein Donnerwetter folgen.

Wünsche und Träume erweisen sich oft als Milchmädchenrechnung. Mag sein, daß die sich von den geringen Rechenkünsten der Dorfmädchen herleitet, die die Milch in die Stadt trugen. Konkret läßt sie sich auf des Franzosen Jean de La Fontaine Fabel «La laitière et le pot au lait» aus dem 17. Jahrhundert zurückführen, die Johann Wilhelm Ludwig Gleim 1757 als «Die Milchfrau» (das ist «la laitière») und Johann Benjamin Michaelis 1766 als «Der Milchtopf» (das ist «le pot au lait») ins Deutsche umdichteten: Eine Frau trägt die Milch in die Stadt und träumt davon, was sie alles mit dem Erlös anfangen wird. Sie wird sich Eier kaufen und eine Hühnerzucht beginnen. Dann wird sie die Hühner verkaufen und ein Schwein anschaffen. Für das Schwein kauft sie eine Kuh, und bis zur Rinderherde ist es nur noch ein Schritt – da stolpert sie, die Milch ist hin, der Traum ist aus, und die Milchmädchenrechnung ist mal wieder nicht aufgegangen.

Rund ums Ei

Die Henne drückt es raus, aber der Fußballer macht es rein: das Ei. Denn Eier sind sich zwar zum Verwechseln ähnlich und gleichen sich wie ein Ei dem anderen – was ähnlich schon bei Cicero steht –, doch für das Ei der Henne und das Ei in der Sprache gilt das nicht immer.

In der Natur wird das Ei erst gelegt, dann ausgebrütet, in den Redensarten ist es umgekehrt: Erst wird ein Ei ausgebrütet, nämlich ein Plan entwickelt, dann wird es gelegt, nämlich das fertige Produkt vorgestellt oder eine wichtige Erfindung präsentiert. Ironisch ein Ei gelegt haben auch die Berliner oder Brüsseler Bürokraten, wenn sie mal wieder eine penible, praxisferne Regelung ausgeklügelt haben.

Eier werden gelegt. Aber kann ein Ei auch aufrecht stehen? Die Antwort darauf ist das Ei des Kolumbus: Bei einem Gastmahl im Jahr 1493 behauptete jemand, die Entdeckung Amerikas sei doch gar nicht schwierig gewesen. Daraufhin ließ Kolumbus ein Ei bringen und forderte alle Anwesenden auf, das Ei aufrecht hinzustellen. Das konnte niemand – bis auf Kolumbus. Er kannte die einfache Lösung dieses schwierigen Problems: Er nahm das Ei, drückte es an der Spitze ein, und es stand.

Doch eigentlich ist das Ei des Kolumbus das Ei des Baumeisters Filippo Brunelleschi. Im Jahr 1420, also lange vor Kolumbus, berieten in Florenz mehrere Architekten über die Kuppel des Doms Santa Maria del Fiore. Brunelleschis Plan hielten alle für undurchführbar. Deshalb schlug er vor, derjenige solle die Kuppel bauen, dem es gelänge, ein Ei aufrecht auf den Tisch zu stellen – was natürlich nur er selber schaffte. Wobei diese Anekdote besonders gut paßt, weil die Kuppel in der Tat die Form eines an der Spitze eingedrückten Eies bekam. Und doch: Die Redensart auf den Entdecker Amerikas zu prägen, war just das Ei des Kolumbus, denn dadurch wurde sie populär.

Brunelleschi wird die Kuppel nicht für'n Appel und'n Ei gebaut haben, d. h. fast umsonst: Da es Äpfel und Eier normalerweise in Hülle und Fülle gibt, sind sie nicht viel wert und spottbillig – schon im 17. Jahrhundert war diese Redensart preiswert zu haben.

Andererseits aber bedeuten «Eier» auch «Geld» – vielleicht in

Erinnerung an den unmittelbaren Tauschhandel oder in Anspielung auf alte bäuerliche Begriffe für Wohlstand. Also auch in der Sprache selbst ist das Ei ein paradoxes Ding, das mal billig und mal wertvoll ist. Ach du dickes Ei!

Staaten zeigen Flagge

Alle Welt kennt das Sternenbanner, den Union Jack und die Trikolore. Auch was der Danebrog ist, wissen viele. Aber was ist «Bhnbsmbhstnbsrbs»? Ganz einfach, das ist der Name der deutschen Flagge.

So jedenfalls lautete ein Vorschlag, den die Berliner «tageszeitung» erhielt, als sie ihre Leser nach einem Namen für das schwarzrotgoldene Nationaltuch fragte. «Bhnbsmbhstnbsrbs» also: Ein Zungenbrecher, der Sinn und Bedeutung hat, handelt es sich doch um die Anfangsbuchstaben der sechzehn Bundesländer – ein schönes Beispiel für alternativen Föderalismus.

Anerkennung fand auch die «Persiflagge». Keine Chance hatte dagegen der überraschende «Fürst Pückler», wenngleich die Farben halbwegs stimmen: «Gold wie Vanille, Rot wie Erdbeere und Schwarz wie Schokolade.» Ans Essen dachten überhaupt viele: Ein Teilnehmer schlug «Wurstbutterbrot» vor («Schwarzbrot, Rotwurst, goldgelbe Butter»), ein anderer Einsender bevorzugte die aus «Pommes-Ketchup-angebrannter Bratwurst» bestehende «deutsche Dreifaltigkeit».

Manche Leute haben ihre Nationalflagge eben zum Essen gern. Tatsächlich symbolisieren die Farben aber keine volkstümlichen Nahrungsmittel, sondern hehre Ideale. Einigkeit und Recht und Freiheit, so eine gängige Version, sollen die drei Bundesfarben darstellen. Das läßt sich mit der deutschen Geschichte seit dem frühen 19. Jahrhundert rechtfertigen und ist zugleich eine Nationalisierung und Bürokratisierung des revolutionären Vorbilds, der Trikolore: Deren drei Farben stehen schlicht für Freiheit, Gleichheit, Brüderlichkeit.

Am französischen Flaggenmodell orientierten sich viele andere Länder, die Franzosen selbst aber folgten dem Muster der Holländer, die die erste Trikolore überhaupt entwarfen: Orange-Weiß-Blau war die Fahne der aufständischen Niederländer 1572 im Unabhängigkeitskrieg gegen die Spanier. Im 17. Jahrhundert wurde aus Orange das im nordischen Nebel besser sichtbare Rot. 1789 ordneten die Franzosen die Farben nebeneinander an, statt untereinander wie die Holländer, und kehrten die Reihenfolge um – fertig war ihre eigene blau-weiß-rote Flagge. Deren Farben standen anfangs allerdings nicht für den Dreiklang der revolutionären Ideale, sondern versinnbildlichten die Gleichberechtigung des Dritten Standes und die Versöhnung von Krone und Bürgertum: das Blau und Rot des Pariser Stadtwappens vereinte sich mit dem Weiß der Bourbonen. Offiziell ist das, und nicht die holländische Vorlage, die Erklärung für die Farben der französischen Flagge.

Unstrittig scheint die Abkunft vom niederländischen Rot-Weiß-Blau in einem anderen Fall: Die Fahne Luxemburgs ist mit der Hollands nahezu identisch, nur das Blau ist etwas heller. Doch obwohl das Großherzogtum mit dem Königreich der Niederlande von 1815–1890 in Personalunion verbunden war, ist die Sache nicht ganz klar. Bei der Anordnung der Farben mag Holland Pate gestanden haben, die Farben selbst führen die Luxemburger aber auf ihr seit 1288 bekanntes, blauweiß gestreiftes Herzogswappen mit rotem Löwen zurück.

Keine optische Täuschung ist die Ähnlichkeit der italienischen mit der französischen Flagge: Italien kopierte in der Tat seinen Nachbarn und ersetzte lediglich Blau durch Grün, nach der Uniformfarbe der lombardischen Revolutionäre von 1796. Bei dieser Gelegenheit sei auf die Lebensmittelfarben zurückgekommen: Die 1889 erfundene Pizza Margherita trägt ihren Namen nach der Gattin des Königs Umberto I. und ist in den Landesfarben belegt: grünes Basilikum, weißer Mozzarella und rote Tomaten.

Ebenfalls in einer revolutionären und zugleich nationalen Tradition steht Schwarzrotgold. (Wobei das großartige «Gold» nichts anderes bedeutet als gewöhnliches Gelb. Es handelt sich um einen Fachausdruck aus der Heraldik, der Wappenkunde. Dort sagt man auch «Silber», wenn man Weiß meint.) Der deutsche Dreifarb entwickelte sich nach den Befreiungskriegen gegen Napoleon. Die Kombattanten im berühmten Freikorps des preußischen Generalmajors Adolph Freiherr von Lützow trugen einen schwarzen Waffenrock mit roten Aufschlägen. Die ersten Fahnen, die es 1815, die Freischärler waren inzwischen als Studenten ins Zivilleben getreten, in den Universitätsstädten zu sehen gab, waren daher Schwarz-

Rot. Dann traten als Schmuck goldene Fransen hinzu, was auch deshalb gut paßte, weil die Uniformknöpfe der Lützowschen Jäger gelb gewesen waren. An dieser Stelle müssen die historisch gebildeten jungen Leute bemerkt haben, daß mit Schwarz, Rot und Gold jene Farben beisammen waren, die das Wappen des 1806 unter napoleonischem Druck aufgelösten alten Reiches zeigte: Auf goldenem Schild prangte ein schwarzer Adler mit roten Fängen und rotem Schnabel. (Dieser Wappenvogel, auf den der Bundesadler zurückgeht, stammt vom römischen Legionärsadler ab, der zum Symbol der römischen Herrschaft wurde und, weil das Heilige Römische Reich Teutscher Nation das antike Imperium beerbte, auf Deutschland überging.) Aus den im alten Reichswappen vertretenen drei Farben komponierten die freiheitstrunkenen und national begeisterten Studiosi nun eine deutsche Trikolore: Um 1818 war «Schwarz-Rot und Gold», wie es anfangs hieß, geboren.

Schwarzrotgold stand für bürgerliche Freiheit und nationale Einheit. Im 1815 neugeschaffenen Deutschen Bund mit seinen 39 souveränen, fast durchweg monarchisch regierten Mitgliedsstaaten wurde sie nach wenigen Jahren verboten. Massenhaft ans Licht der Öffentlichkeit trat Schwarzrotgold erst wieder in der Revolution von 1848. Ganz Verwegene nähten in das obere, schwarze Drittel sogar das Piratensymbol, Totenschädel und Knochenkreuz.

Mit dem Scheitern der Revolution verschwand die deutsche Trikolore wieder in der Versenkung. Das 1871 gegründete Kaiserreich verwendete Schwarzweißrot, was das preußische Schwarzweiß mit dem Weißrot der Hansestädte vereinte und als Fahne des befreiten deutschen Nationalismus verstanden sein mochte, und dem Dritten Reich verpaßte Hitler als Flagge ein braunes Tuch mit einem weißen Kreis in der Mitte, in dem das Hakenkreuz prangte.

Schwarzrotgold ist eine zweischneidige Farbkomposition, denn in der Natur stehen Schwarz, Rot, Schwarzrot und Schwarzgelb für Gefahr und Tod. Doch an den mörderischen Katastrophen der deutschen Geschichte ist Schwarzrotgold unschuldig. Es ist nicht die Flagge der Macht- und Gewaltstaaten, sondern der Republik: der von Weimar 1918–1933 und der zwei deutschen Staaten nach 1949.

Fast hätte auch Österreich diese Fahne 1918 angenommen, doch die Alliierten verboten sie ebenso wie die damals erstrebte Angliederung ans Deutsche Reich. Statt dessen erinnerten sich die Österreicher an das alte rotweißrote Banner: 1191 soll der babenbergische Herzog Österreichs in einem Kampf die Standarte verloren und daraufhin seinen weißen, blutgetränkten Umhang geschwenkt haben. Schon um 1200 soll dann eine rotweiße Fahne zum offiziellen Zeichen des Herzogtums erhoben worden sein.

Auch für die Bundesrepublik Deutschland hätte es anders kommen können. Im Parlamentarischen Rat, der 1948/49 das Grundgesetz beriet, schlug die CDU/CSU eine neue Fahne vor: «Die Flagge des Bundes zeigt auf rotem Grunde ein schwarzes liegendes Kreuz und auf dieses aufgelegt ein goldenes Kreuz.» Dieser Entwurf orientierte sich an den republikanischen Farben, rückte aber, was Sozialdemokraten und Liberale ablehnten, das Glaubenssymbol in den Vordergrund. So gekünstelt es wirkte, dieses Banner hätte eine lange Tradition aufgenommen: Symbolisiert eine Trikolore die bürgerlich-freiheitlichen Ideale, so steht die Kreuzflagge seit alters für das «Abendland», wie die Christpolitiker sich damals ausdrückten. In diesem Zeichen wollten sie siegen, das galt für die Christen seit den Tagen Konstantins.

Großbritannien, die skandinavischen Staaten und die Schweiz führen dieses Panier bis heute. Komplizierter noch als das christdemokratische Muster ist die britische Fahne. Bei ihr liegen nicht zwei, sondern drei Kreuze übereinander, denn das Vereinigte Königreich, wie es amtlich heißt, besteht aus drei Teilreichen: England, repräsentiert vom roten Kreuz des heiligen Georg auf weißem Grund; Schottland, vertreten vom schrägen weißen Kreuz des Landespatrons Sankt Andreas auf blauem Tuch (er soll an einem solchen gemartet worden sein); Nordirland, symbolisiert durch das rote Schrägkreuz des irischen Nationalheiligen St. Patrick in weißem Feld. Alle drei Motive übereinandergelegt – Wales, das lange vor Irland und Schottland von England vereinnahmt worden war, blieb außen vor –, ergeben seit 1801 den Union Jack.

Dieser Name verweist auf die britische Seemacht, der die englisch-schottisch-irische Union ihre Weltstellung verdankt: Die am Bug eines Schiffes wehende Fahne heißt in der deutschen Seemannssprache «Gösch» und in der englischen «Jack». Mit diesem Allerweltsnamen belegt man im Englischen gern die kleinen, untergeordneten Dinge: der «Bootjack» ist ein Stiefelknecht, der «Jack-in-the-box» der Springteufel und der Jack im seemänischen Sinn eben die kleine Bugflagge.

Der Danebrog zeigt ein weißes, etwas nach links gerücktes Kreuz auf rotem Tuch. Scheinbar bedeutet der Name «Dänentuch»; doch die Dänen selbst schreiben «Dannebrog» mit zwei n, denn er beruht auf dem altdänischen Wort «danne». Das meint eigentlich die Tanne und in diesem speziellen Fall das Rot, das man durch Färbung mit Tannenrinde erhält. «Brog» wiederum bezeichnet ursprünglich ein «Bruch»-Stück, dann einen Fetzen Stoff und in diesem besonderen Kasus das Flaggentuch.

Der Legende nach fiel der Dan(n)ebrog am 15. Juni 1219 in einer Schlacht gegen die heidnischen Esten vom Himmel herab; mit diesem roten Tuch und göttlichen Zeichen in der Hand habe der Dänenkönig Waldemar II. das Kriegsglück zu seinen Gunsten gewendet. Anstelle von Gott, der das Panier aus heiterem Himmel gesandt habe, wird es aber eher der Papst gewesen sein, der den Dänen eine Kreuzzugsfahne für ihre Mission zur Verfügung stellte. Vielleicht ist der Danebrog, an dem später die anderen nordischen Länder sich orientierten, aber auch ein Gegenentwurf zur Kriegsflagge des mittelalterlichen deutschen Königs, dem roten Kreuz auf weißem Grund. Die Dänen sind nicht erst seit der jüngeren Vergangenheit auf Selbständigkeit gegenüber und Abgrenzung von ihrem südlichen Nachbarn bedacht.

Ähnliches gilt für einen anderen Anrainer Deutschlands, die Schweiz, die sich seit dem Hochmittelalter schrittweise vom Joch adliger Territorialherren befreite und aus dem Reich löste. Auch das Schweizerkreuz, die weltweit einzige quadratische Flagge, kehrt die Farbverteilung um. Erstmals tauchte es in der Schlacht von Laupen 1339 auf, als ein Berner Bürgerheer eine Ritterallianz besiegte: Die Berner hatten es sich als Abzeichen auf die Kleidung genäht. Im 15. Jahrhundert avancierte das weiße Kreuz auf rotem Grund zum Wahrzeichen der Eidgenossenschaft. Weil jeder Kanton vorrangig seine eigenen Symbole pflegte, dauerte es aber bis 1815, daß das Schweizerkreuz in der Verfassung als Staatswappen festgelegt, bis 1848, daß es als Nationalflagge eingeführt, und bis 1889, daß seine heutige Form festgeschrieben wurde.

So christlich das Kreuz erscheint, als religiöses Symbol ist es wesentlich älter, schon die Ägypter verwendeten es. Ebenso ist man geneigt, den türkischen Halbmond für ein islamisches Zeichen zu halten. Aber es gab ihn als religiöses Emblem bereits in Mesopotamien Jahrtausende vor der Islamisierung. Auch den Christen des

Mittelalters war der Halbmond vertraut: Er war das Sinnbild der Marienverehrung, weshalb auf vielen alten Bildwerken die Muttergottes mit dem Jesuskind auf einer Mondsichel steht. Vordergründig geht das zwar zurück auf Kapitel 12, Vers 1 der Apokalypse und auf die christliche Deutung Marias als Himmelskönigin. Dahinter steht jedoch, daß in Maria die altorientalische Tochter des Mondgottes, die jungfräuliche, jedes Jahr den Vegetationsgott Tamuzu gebärende Ischtar fortlebt.

Neben dem Halbmond zeigt die türkische Flagge einen Stern, auch hierin den Fahnen vieler anderer islamischer Staaten von Mauretanien bis Pakistan ähnlich. Ursprünglich handelte es sich um eine Sonne, doch wurde sie nach der 53. Sure, die den Titel «Die Sterne» trägt, allahgefällig umgedeutet. Andernfalls wäre der vorislamische Charakter der altorientalischen Sonne-Mond-Kombination erhalten geblieben, die einst die Personalunion von Herrscher und Hohempriester in der Gestalt des Gottkönigs anzeigte.

Ohne tiefere Bedeutung kommen die praktisch veranlagten US-Amerikaner aus: In ihrem Sternenbanner sind die Himmelskörper bloße Zählsteine für die einzelnen Bundesstaaten. Fünfzig sind es zur Zeit. Die dreizehn Streifen dagegen stehen bekanntlich für die Gründerstaaten der USA von 1776.

Die US-Flagge wurde wegen der wachsenden Anzahl der Bundesstaaten mehrfach umgestaltet. Unveränderlich ist dagegen die 1955 vom Europa-Rat geschaffene und 1986 von der Europäischen Union übernommene Europafahne, die auf blauem Grund einen Kranz aus zwölf Sternen zeigt: Das Blau symbolisiert den freien Himmel der Demokratie, die Sterne repräsentieren die Völker Europas, der Kreis beschwört ihre Eintracht, und die unabhängig von der Zahl der Mitgliedstaaten gleichbleibende Zwölf gilt als Sinnbild der Vollkommenheit: Zwölf Monate hat das Jahr, zweimal zwölf Stunden hat der Tag, und eine Krone aus zwölf Sternen trägt die Himmelskönigin, wie just das zwölfte Kapitel der Offenbarung behauptet.

Zwölf Mitglieder zählte auch eine Tafelrunde, an der im Jahr 2002 Politiker, Künstler und Erfinder teilnahmen, um über Europas Symbole nachzudenken. Der Niederländer Rem Koolhaas entwarf zwei neue Modelle für eine Europafahne. Das eine zeigt auf blauem Tuch regellos angeordnet einen Haufen gelber Sterne, die ähnlich verzerrt gezeichnet sind wie das Logo der bekannten deutschen Illustrierten. Das andere Muster ähnelt dem Strichkode, wie man ihn von den Waren im Einzelhandel kennt, nur daß dieser hier koloriert ist: Koolhaas montierte die Farben der europäischen Nationalflaggen in alphabetischer Reihenfolge senkrecht dicht an dicht schmal nebeneinander.

Kann Europa damit Flagge zeigen? Wer das tut, will eigentlich seine ernste Meinung deutlich zu erkennen geben. Im Licht dieser beiden Europaflaggen würde man sie aber mit Sicherheit komisch finden. Das wäre, auf dem ernsten Terrain der Staaten und Flaggen, doch mal was Neues.

Der deutsche Michel und seine Kollegen

Chauvinismus ist gefährlich, aber eigentlich – lächerlich. Genau das wollten Théodore und Hippolyte Coignard zeigen, als sie 1831 in ihrem Lustspiel «La cocarde tricolore» die Figur eines patriotisch begeisterten Rekruten schufen. Sein Name: Nicolas Chauvin.

Deutsche machten dann mit dem Chauvinismus blutigen Ernst. Dabei waren sie bis ins 19. Jahrhundert hinein kosmopolitisch gesonnen und selbstkritisch. Letzteres wird im gutmütigen und tölpelhaften deutschen Michel offenbar.

Als «höchster der Fürsten» (Buch Daniel, Kapitel 10, Vers 13) wurde der Erzengel Michael schon von den Israeliten zum Schutzpatron erwählt. Im christlichen Mittelalter avancierte er, da er im zwölften Kapitel der Offenbarung den Satan überwindet, zum Patron des Heiligen Römischen Reiches Teutscher Nation und wurde zum Schutzherrn der Deutschen. Man weihte ihm Kirchen, benannte Ortschaften wie Michelstadt nach ihm und taufte die Kinder auf seinen Namen, der besonders auf dem Land beliebt war.

Doch Bauern galten den Städtern als ungebildet, dumm und grob: In diesem unfreundlichen Sinn begegnet der «teutsche Michel» 1541 in Sebastian Francks Sprichwörtersammlung. Aber schon im Mittelhochdeutschen hatte man einen klobigen, unbeholfenen Menschen als «michel» tituliert.

Als Achim von Arnim 1808 die «Zeitung für Einsiedler» gründete, wandte er sich in der Vorrede «An das deutsche Publikum» und setzte darüber das Bild des deutschen Michel, der eine Wollmütze trägt und recht bauernschlau dreinblickt. Damit gelang es ihm zwar, Michels bäurische Einfalt in günstigeres Licht zu tauchen; zugleich aber setzte er das Klischee mit der Zipfelmütze in Umlauf, weshalb der deutsche Michel bis heute als verschlafen gilt. Passend dazu trägt er auf Zeitungskarikaturen gewöhnlich ein Nachthemd.

Der Michel ist eine durchaus kritische Figur, die den Deutschen als gutmütig, ehrlich und stark, aber auch als plump und naiv, schwerfällig und begriffsstutzig zeichnet. Die Franzosen dagegen, die mit ihrer Nationalgeschichte zufrieden sein können, feiern sich ungeniert in der Gestalt der erotischen Marianne, die bis heute manche Briefmarke schmückt (wohingegen die stattliche Germania als weibliche Allegorie Deutschlands mit dem Ende des Kaiserreichs in der Versenkung verschwand). Zum Sinnbild der Grande Nation erhob Eugène Delacroix die Marianne in seinem Gemälde «Die Freiheit führt das Volk an» von 1830. Der Legende nach soll eine populäre «Marie-Anne» in der Revolution eben dieses Jahres mitgewirkt haben, und in den 1850er Jahren wollte ein nach ihr benannter Geheimbund die Monarchie stürzen.

Delacroix' Marianne trägt eine Jakobinermütze, das Symbol der französischen Revolution, seit die 1792 befreiten Galeerensträflinge sie sich aufsetzten. Ihr Vorbild war die antike phrygische Mütze, eine kegelförmige Kopfbedeckung mit nach vorn hängendem, ausgestopftem Zipfel. In die Freiheit entlassene Sklaven trugen sie, und die Cäsarmörder ließen sogar eine Münze mit dem Motiv der Phrygierhaube prägen, umgeben von zwei Dolchen und der Losung «libertas», Freiheit.

Freiheitsbewußt, stolz und ein bißchen selbstverliebt spiegeln sich Franzosen in Gestalt ihrer Marianne. Freiheitliche Gesinnung ist auch ein Kennzeichen von John Bull, der Inkarnation des Engländers. Rechtschaffen, trinkfreudig, freimütig gegen jedermann und respektlos gegen die Obrigkeit, so kreierte ihn John Arbuthnot (1667–1735) in seiner Satire «The History of John Bull». Im Titelhelden waren Eigenschaften positiv gezeichnet, die noch bei seinem literarischen Vorbild, dem sinnenfrohen, amoralischen und wetterwendischen Falstaff, von Shakespeare negativ dargestellt wurden. Das reale Urbild aber war ein Sir John Oldcastle, der als Rebell 1417 hingerichtet worden war.

Ein entspanntes Verhältnis zum Staat kommt schließlich im

amerikanischen «Uncle Sam» zum Ausdruck. Den soll es wirklich gegeben haben: Er hieß Sam Wilson, kam aus dem Staat New York und war im Krieg von 1812–1814, als die USA den Engländern Kanada entreißen wollten, mit der Kontrolle der Fleischlieferungen an die Armee betraut. Auf die geprüften Fleischfässer pinselte er das Kürzel «U.S.»: Das stand für die United States, wurde aber von den Soldaten als «Uncle Sam» umgedeutet; Sam Wilson war wohl ziemlich leutselig und beliebt. Im Lauf der Zeit wurde «Uncle Sam» zum personifizierten amerikanischen Staat schlechthin. In Deutschland dagegen ist der Staat kein netter Onkel, sondern ein strenger Vater.

Wehe, wenn sie losgelassen!

Allerheiligen, Allerseelen, Buß- und Bettag, Volkstrauertag, Totensonntag: Der November drückt auf die Stimmung. Die Bäume sind kahl, leer die Felder, der Himmel grau in grau. Die Natur ist abgestorben, und der Gedanke an den Tod bemächtigt sich des Menschen.

Gleich am Monatsersten gedenken Katholiken aller Heiligen ihrer Kirche und am folgenden Tag, an Allerseelen, auch der gewöhnlichen Verstorbenen und beten für das Seelenheil der im Fegefeuer Schmorenden. Protestanten haben das nicht nötig und zu eigenem Nutz und Frommen den Totensonntag am Monatsende eingeführt. Gemeinsam trauern können die Angehörigen beider Konfessionen am vorletzten Mittwoch des Monats: Am Buß- und Bettag soll jeder in sich gehen und über seine Sünden nachdenken, darf aber auch öffentliche Verfehlungen beklagen. So ist es zumindest alter Brauch: Schon seit dem Mittelalter dienten hierzu die bei Kriegsgefahr, drohenden Seuchen oder Hungersnot je nach Bedarf verordneten Sühnetage.

Ob Jude, Moslem oder Christ, jeder in Deutschland kann am Volkstrauertag trauern, der 1926 erstmals begangen wurde und damals den Gefallenen des Ersten Weltkriegs gewidmet wurde. Die Nazis machten daraus einen kriegsverherrlichenden Heldengedenktag, aber seit 1952 steht der Tag wieder unter seinem früheren Namen, jedoch an anderer Stelle im Kalender. Er dient dem Andenken an die Opfer beider Weltkriege und des Naziterrors und wurde vom zweiten Fastensonntag auf den vorletzten Sonntag vor Adventsbeginn verlegt.

Der Gedanke an Vergänglichkeit und Tod beherrscht den November seit alters. Für die Kelten auf Irland war die Nacht vom 31. Oktober auf den 1. November der Scheitelpunkt, an dem das Sommerhalbjahr zu Ende war und die Winterzeit begann. Mit einbrechender Dunkelheit fanden die Seelen der Toten den Weg zurück in die Welt und drohten in die Körper der Lebenden zu fahren. Wer in dieser Nacht heil davonkommen wollte, mußte diese Dämonen abwehren oder abschrecken; man stellte Kerzen in ausgehöhlte, unheimlich leuchtende Rüben oder verkleidete sich selber als Schreckgespenst.

Irische Auswanderer brachten diesen Brauch in die Neue Welt. An die Stelle der Rüben traten Kürbisse, und die selbst ausgedachten Spukgestalten verschwanden zugunsten der Maskerade als Dracula oder Frankensteins Monster, die alle Amerikaner aus der populären Kultur kennen. Das Fest des Gruselns verwandelte sich in eine Lustbarkeit vor allem für Kinder und Jugendliche, die in gewollt grausligen Monturen von Tür zu Tür ziehen, «Trick or treat!» rufen (Gib mir was oder ich tu dir was), Süßigkeiten fordern und den Erwachsenen kleine Streiche spielen.

Auch in Deutschland findet dieses Kürbisfest, das der drohenden Novemberdepression trotzt, von Jahr zu Jahr mehr junge Anhänger – und mehr Freunde im Einzelhandel: Glimmende Plastikkürbisse mit grinsender Fratze, T-Shirts mit aufgedrucktem Rippenskelett, Hexenkostüme, Monstermasken und Vampirgebisse sorgen noch einmal für gute Laune in der Ladenkasse. Angemessen ausgerüstet, wird dann zuhause, in Kindergärten und in Kneipen Halloween gefeiert.

Damit ist endlich der christliche Name dieser eigentlich heidnischen Angelegenheit gefallen: Halloween, was aus «All hallow's eve» entstanden ist und wörtlich den «Abend vor Allerheiligen» meint. Im Mittelalter hatte die Kirche ihren Gedenktag extra auf den 1. November gelegt, um dem unchristlichen Totenzauber Paroli zu bieten. Ursprünglich, in der Spätantike, fiel Allerheiligen nämlich nicht in den düsteren November, sondern wurde am Sonntag nach Pfingsten begangen; offenbar knüpfte es an das antike Rosenfest an, die Rosalia, an denen man den beginnenden Sommer gefeiert und zugleich der Verstorbenen gedacht hatte. Im siebten Jahrhundert legte man Allerheiligen auf den 13. Mai fest, weil an diesem Tag des Jahres 609 das Pantheon in Rom in die Kirche Sancta Maria ad martyres umgewandelt worden war.

Im Jahr 835 verschob Papst Gregor IV. den Gedenktag vom lieblichen Mai in den düsteren November. Außerdem öffnete er das Fest, das bis dahin, wie es das christianisierte Pantheon in seinem neuen Namen anzeigt, nur dem Andenken der Märtyrer gewidmet war, auch den friedlich verstorbenen Heiligen; daher der Name Allerheiligen. Dem Gedenken an alle Verstorbenen sollte das Fest nicht offenstehen; manche sind eben auch im Tode gleicher als andere. Für das Totenheer der nichtprominenten Christen führte Papst Johannes XIX. im Jahr 1006 Allerseelen ein. Seither kann, wer bei Halloween vor Schreck den Löffel abgibt, sich schon am 2. November im Fegefeuer über die Fürbittgebete seiner Hinterbliebenen freuen.

Der deutsche Tag

Fehler sind gut. Während perfekte Lösungen ein Ende markieren, stehen Irrtümer und Mißverständnisse am Anfang einer neuen Entwicklung. Sie zwingen zum Nachdenken und führen auf unbekannte Wege.

Der 9. November 1989 beweist es. An diesem Tag, genau um 18 Uhr 57, wurde das SED-Politbüromitglied Günter Schabowski auf einer von Radio und Fernsehen direkt übertragenen Pressekonferenz nach einer neuen Ausreiseregelung für die DDR-Bürger gefragt. Darauf verlas Schabowski eine Presseerklärung, die ihm ein Bote des SED-Vorsitzenden Egon Krenz eben zugesteckt hatte: «Privatreisen nach dem Ausland können ohne Vorliegen von Voraussetzungen beantragt werden. Die Genehmigungen werden kurzfristig erteilt.» Er fügte hinzu, solche Visa für Auslandsreisen, die über alle Grenzübergangsstellen der DDR nach Westberlin und in die Bundesrepublik erfolgen könnten, seien unverzüglich zu erteilen. Auf die Nachfrage eines Journalisten erwiderte der von der ganzen Sache überrumpelte Schabowski, diese Regelung trete «sofort» in Kraft. In Wahrheit war das erst für später geplant.

Schabowski ahnte die Tragweite seiner unbedachten Äußerung

nicht, und die DDR-Bürger hörten in ihrer Freude etwas, wovon niemand gesprochen hatte: daß die Grenzübergänge in Berlin bereits geöffnet seien. Zu Fuß und in Trabis strömten die Ostberliner an die Kontrollstellen, und die Grenzwachen kapitulieren schließlich vor dem Ansturm: Um 23 Uhr 14 geht der erste Schlagbaum hoch, am Übergang Bornholmer Straße. Am nächsten Tag drängen Hunderttausende Ostdeutsche über die deutsch-deutsche Grenze von Lübeck bis Hof.

Die symbolträchtige Überwindung des antifaschistischen Schutzwalls alias der Schandmauer besiegelte das Ende des ersten Arbeiter-und-Bauernstaates auf deutschem Boden. Die Fehler und Mißverständnisse, denen sich der Mauerfall verdankt, machten den 9. November 1989 zu einem welthistorischen Datum, das das Ende der Nachkriegszeit symbolisiert, den Zerfall des sowjetischen Imperiums markiert und für die deutsche Wiedervereinigung steht.

Wie es der Zufall will, scheint der 9. November überhaupt ein deutscher Schicksalstag zu sein. Der 9. November 1989 bildet das Ende einer langen Kette, die vom 9. November 1918 über den 9. November 1923 zum 9. November 1938 führt – um die auffälligsten Daten und Ereignisse zu nennen, Revolution, Hitlerputsch und «Reichskristallnacht».

Am 9. November 1918, nachmittags um zwei, ruft der Sozialdemokrat Philipp Scheidemann von einer Fensterbrüstung des Reichstagsgebäudes die «Deutsche Republik» aus. Zweieinhalb Stunden zuvor war Kaiser Wilhelm II. abgedankt worden: Der im belgischen Spa weilende Monarch hatte zwar telefonisch seinen Thronverzicht durchgeben lassen, konnte sich aber zu keiner offiziellen Erklärung entschließen. Schließlich riß Reichskanzler Max von Baden der Geduldsfaden, und er erledigte das auf eigene Kappe für den zaudernden Kaiser – zu Unrecht, aber endgültig. Eine Stunde darauf, gegen halb eins, trat er selbst zurück und übergab die Regierung dem SPD-Vorsitzenden Friedrich Ebert. Der war über Scheidemanns mutige, aber voreilige Proklamation nicht erbaut, denn strenggenommen war sie ein Mißverständnis, schließlich beinhaltetete Wilhelms Abgang nicht die Abschaffung der Monarchie. Ebert wollte die Entscheidung über die künftige Staatsform dem neu zu wählenden Parlament freistellen. Dann allerdings hätte es vielleicht damals schon den ersten Arbeiter-und-Bauernstaat gegeben, die «freie sozialistische Republik Deutschland»: Die nämlich rief Karl Liebknecht um 16 Uhr vom Balkon über dem Portal des Berliner Stadtschlosses aus.

Am 11. November kapitulierte das Deutsche Reich gegen die alliierte Übermacht: Der Erste Weltkrieg war zuende. Damit tat die neue Regierung das, worauf die Oberste Heeresleitung seit September angesichts der aussichtslosen Lage an der Westfront gedrängt hatte. Die Nationalisten aber schoben die Schuld für die Niederlage den Revolutionären in die Schuhe. Ausgerechnet am 9. November 1923 putschte deshalb Adolf Hitlers brauner Haufen mit einem demonstrativen «Marsch auf die Feldherrenhalle» in München. Am Abend zuvor hatte Hitler im Bürgerbräukeller die «nationale Revolution» ausgerufen und die Reichsregierung für abgesetzt erklärt. Am nächsten Tag marschierten die Nazis durch München und errichteten Straßensperren, aber schon am Mittag endete ihr Putsch unter den Kugeln von Polizei und Reichswehr. Hitler wurde nur zur Mindeststrafe verurteilt, fünf Jahre Festungshaft, und nach knapp neun Monaten amnestiert. Im Dezember 1924 war er wieder frei und setzte «seinen Kampf» fort.

Als die NSDAP Anfang 1933 die Regierung übernommen hatte, setzte sie ihr antisemitisches Programm sogleich in die Tat um. Den vorläufigen Höhepunkt markierte der 9. November 1938. Zwei Tage vorher war in Paris der deutsche Botschaftssekretär Ernst vom Rath ermordet worden. Herschel Grynspan, ein siebzehnjähriger Jude, dessen Eltern von den Nazis aus Deutschland nach Polen deportiert worden waren, hatte die Tat begangen. Propagandaminister Goebbels nutzte die Ungunst der Stunde und ließ die SA los: In der Nacht vom 9. auf den 10. November wurden in Deutschland die Synagogen geplündert, jüdische Geschäfte demoliert, jüdische Friedhöfe geschändet und 26 000 Juden ins KZ verschleppt. Obendrein wurde den Juden eine Sondersteuer von insgesamt einer Milliarde Reichsmark abgepreßt.

Über den Ursprung der Bezeichnung «Reichskristallnacht» wurde viel gestritten. Man empfand den Begriff, der anscheinend im Hinblick auf den ästhetischen Genuß brennender Synagogen und zu Bruch gegangener Fensterscheiben gebildet worden war, als verharmlosend. Die Nazis hätten das Pogrom schönreden wollen, und gehalten habe sich der Ausdruck nicht zuletzt deshalb, weil viele ehemalige braune Parteigänger nach 1945 ungeschoren blieben, weiterhin zuhause in der Familie den Ton angaben und als Lehrer, Professoren und Journalisten auch den öffentlichen Sprachgebrauch mitprägten.

Doch diese Deutung ist zweifelhaft. Im Dritten Reich war der Begriff nämlich verboten, weil es sich gar nicht um eine Nazivokabel handelte, sondern um eine sarkastische Wortschöpfung aus dem Mund der Opfer: Das Bezeichnung «Reichskristallnacht» war ein verzweifelter jüdischer Witz, der mit ohnmächtigem Trotz die pompöse Sprache und brutale Politik der Nazis zu persiflieren versuchte.

In den 60er Jahren regte sich erstmals lautstarker Protest gegen die Generation, die das NS-Regime geschaffen und gestützt hatte. «Unter den Talaren / Muff von tausend Jahren»: dieser Vers wurde populär. Erstmals vor- oder vielmehr hinterhergetragen wurde er am 9. November 1967 in der Hamburger Universität: Bei der Rektoratsübergabe hielten Studenten hinter den im festlichen Ornat einherwandelnden Spektabilitäten und Magnifizenzen Schilder mit dieser Aufschrift hoch.

Ganz anders im Bann des tausendjährigen Reichs standen jene, die am 9. Nobember 1969 einen Sprengstoffanschlag auf das Jüdische Gemeindezentrum in Westberlin planten. Wäre der Zünder der Bombe nicht falsch eingestellt gewesen, hätte sie unter den Besuchern der Gedenkfeier für das Pogrom von 1938 ein Blutbad angerichtet. Keine Faschisten waren es, die hinter dieser Aktion standen, sondern linke Revolutionäre, die auf einem Flugblatt zur Solidarität mit den Palästinensern aufriefen und das Ende des «hilflosen Antifaschismus» proklamierten, der das «Produkt des deutschen Schuldbewußtseins» sei. So führte die Befreiung von der Last der deutschen Geschichte geradewegs zu ihrer Wiederholung.

Sechsmal der 9. November im kurzen 20. Jahrhundert von 1918 bis 1989: An keinem anderen Datum drängt sich deutsche Geschichte derart zusammen. Im Keim angelegt aber war vieles, was in diesem Säkulum passierte, lange davor: In der gescheiterten Revolution von 1848, die weder individuelle Freiheit noch nationale Einheit brachte. In der Folge versteiften sich die Machthaber auf Expansions- und Gewaltpolitik, während viele Bürger in Untertanengesinnung erstarrten.

Ein Datum steht für das Ende jener Revolution: der 9. November 1848. An diesem Tag wurde der Demokrat Robert Blum in Wien hingerichtet, neben Frankfurt am Main und Berlin damals die wichtigste Stadt im Deutschen Bund.

Robert Blum, Leipziger Buchhändler und Abgeordneter der Nationalversammlung in Frankfurt, war im Oktober 1848 nach Wien gegangen. Dort hatten aufständische Truppen den kaiserlichen Hof nach Olmütz verjagt und Arbeiter, Studenten und Bürgerwehr die Macht übernommen. In schweren Kämpfen eroberte das habsburgische Militär unter Fürst Windischgrätz die Stadt bis zum 1. November zurück und hielt ein blutiges Strafgericht. Obwohl Robert Blum als Abgeordneter Immunität genoß, wurde er am 9. November erschossen. Mit der Niederschlagung des Wiener Aufstands stand die Niederlage der Revolution in Deutschland fest, und der Tod des Freiheitshelden Blum wurde dafür das Symbol.

Schon Robert Blum wollte die bürgerliche deutsche Republik. So dauerte es noch siebzig Jahre, bis sie verkündet wurde, und noch einmal siebzig Jahre, bis sie endgültig durchgesetzt war. Man hätte sie früher haben können. Man kann das Scheitern der Revolution 1848 einen Fehler nennen: Manchmal sind sie eben doch verhängnisvoll und zwingen nur zu Umwegen.

Wovon die Welt genas

«Nie geraten die Deutschen so außer sich, wie wenn sie zu sich kommen wollen», spöttelte Kurt Tucholsky. Wer die Deutschen sind und was deutsch sei, darüber grübelten viele Generationen. Ein Ergebnis steht inzwischen fest: Was früheren Geschlechtern ernst und heilig war, sorgt heute für Kopfschütteln und Gelächter.

Ein bißchen befremdlich ist schon der pathetische Text der Nationalhymne, die dritte Strophe des 1841 von August Heinrich Hoffmann von Fallersleben gedichteten «Liedes der Deutschen». Immerhin ist sie weniger peinlich als die erste Strophe, die «Deutschland, Deutschland über alles» stellt, und nicht lächerlich wie die zweite, worin auf hoffnungslos altbackene Weise «deutsche Frauen, deutsche Treue, / deutscher Wein und deutscher Sang» hochleben müssen.

Neben dem bornierten «Deutschland, Deutschland über alles»,

das ausgerechnet die Weimarer Republik zur Nationalhymne erkor, gibt es einen zweiten Spruch, der deutsche Großmannssucht ausdrückt: «Am deutschen Wesen soll die Welt genesen.» Er stammt von Emanuel Geibel, der 1861 von «Deutschlands Beruf» schwärmte, zu dem neben der Kultur gleich die Gewalt gehört: «Macht und Freiheit, Recht und Sitte, / Klarer Geist und scharfer Hieb / Zügeln dann aus starker Mitte / Jeder Selbstsucht wilden Trieb, / Und es mag am deutschen Wesen / Einmal noch die Welt genesen.»

Die Zeiten haben sich auch hier geändert: Heute, da die Welt nach zwei Kriegen vom deutschen Wesen genesen ist, dient das geflügelte Wort gerade als Warnung vor Nationalismus und deutscher Rechthaberei.

Allerdings stand Geibel mit solchen Versen seinerzeit nicht allein. Auch andere Völker schrieben sich eine weltweite Mission zu. Der britische Emanuel Geibel hieß Cecil Rhodes und war kein deutscher Träumer, sondern ein machtbewußter Kolonialpolitiker, der sagte: «Unsere Aufgabe ist es, soviel Land auf der Erde britisch rot zu färben wie irgend möglich!»

Von der offen bekundeten britischen Aufgabe zur deutschen Selbstaufgabe, die aber nur scheinbar ist: «Der Selbstsucht wilden Trieb» will Geibel zügeln, auf daß seine eigenen, recht wüsten Vorstellungen von «Deutschlands Beruf» sich durchsetzen. Entschiedener noch forderte man die selbstlose Hingabe der anderen mit diesem Spruch ein: «Deutsch sein heißt eine Sache um ihrer selbst willen tun.» Richard Wagner brachte den Satz in Umlauf, als er 1868 in seiner Schrift über «Deutsche Kunst und deutsche Politik» schrieb: «Hier kam es zum Bewußtsein und erhielt seinen bestimmten Ausdruck, was deutsch sei, nämlich: Die Sache, die man treibt, um ihrer selbst und der Freude an ihr willen treiben, wogegen das Nützlichkeitswesen sich als undeutsch herausstellte.» Wagner griff auf Carl Maria von Weber zurück, der 1820 in einer Rezension behauptete, «dem deutschen Künstler sei vorzugsweise der wahre Eifer eigen, im Stillen die Sache, eben um der Sache willen zu tun». Und wieder haben sich die tempora und mores, die Zeiten und Sitten, glücklich geändert: Heute verspottet man mit dieser Redensart jemanden, der nicht nach Sinn und Zweck seines Tuns fragt. Wenn deutsch sein heute irgend etwas heißt, dann kritisch sein.

Naheliegendes und Überraschendes offenbaren die Namen der Länder und Völker. Auf der Hand liegt, daß die Franzosen nach den Franken heißen und, wie die doppelt gemoppelte Redensart «frank und frei» vor Augen führt, die «Freien» sind – was gut zu ihrem, auf die Revolution von 1789 gegründeten Selbstverständnis paßt.

Überraschend dagegen ist, daß Spanien eigentlich «Kaninchenland» bedeutet. Es verdankt seinen Namen den Phöniziern, die schon vor 3000 Jahren das gesamte Mittelmeer befuhren und auf der iberischen Halbinsel über die großen Vorkommen von Wildkaninchen staunten. Da ihnen diese Tiere neu waren, belegten sie sie mit dem Wort für die in Asien heimische und ihnen aus der eigenen Heimat im Libanon bekannte, etwa hasengroße Klippschliefer, «sap-han», und das Land nannten sie «i-sap-han-im», wörtlich Klippschlieferküste, sinngemäß Kaninchenland. Die Römer latinisierten «i-sap-han-im» dann zu «Hispania».

Manche Völker heißen gar nicht nach sich selbst: «Russen» waren ursprünglich die schwedischen Waräger, die im 9. Jahrhundert in Osteuropa herrschten und das Kiewer Reich, die «Kiewskaja Rus» begründeten. Benannt sind sie nach ihren rotblonden Haaren: «rus» heißt rot.

Vieles verschwimmt freilich in dunkler Vorzeit. Wohl wohnen die Engländer im «Land der Angeln» – das aber könnte auf «an-gael»-Land zurückgehen, Land der Gälen. Britannien war keltisch besiedelt, als im fünften Jahrhundert die Angeln, Sachsen und Jüten kamen.

So oder so bewahrt England den Namen einer historischen Völkerschaft. Das tun viele Namen: So wurde aus Gotalanien, wo um 400 n. Chr. das eurasische Steppenvolk der Alanen einfiel und wenig später die Westgoten ein Reich begründeten, das heutige Katalonien. Auch die Namen Frankreich und Rußland sind im Grunde Erbstücke aus einer vergangenen Zeit.

Statt den Namen einer historischen Völkerschaft tragen manche Länder den Namen von Personen – wie Bolivien nach dem Freiheitshelden Simón de Bolívar – oder von Herrscherdynastien. So heißt China nach der Dynastie der Qin (auch Ch'in transkribiert oder Tschin, Tsin, Sin geschrieben), unter deren Herrschaft zwischen 221 und 206 v. Chr. die chinesischen Teilreiche erstmals geeint waren: eine treffliche Namenswahl, denn die Sorge um die Reichseinheit prägt die Politik des Reichs der Mitte in Fernost bis in die Gegenwart.

Viele Namen beschreiben die Landschaft, die geographische Lage. So heißt Polen nach dem polnischen Wort für Feld, «pole» – passend für die brettflache Landschaft, die fast das ganze Staatsgebiet einnimmt. Ein anderes Beispiel ist das Land der aufgehenden Sonne, das schon im Chinesischen so heißt: «dschi-pen» heißt «Sonnenursprung»; übers englisch ausgesprochene «Japan» wurde daraus das deutsch gelesene Japan. Auf japanisch heißt «Sonnenursprung»: «nihon». Daraus wurde bei uns Nippon.

Oft preist man seine Einzigartigkeit und Stärke im Namen des Volkes. In Südafrika nennt sich eines schlicht «Menschen»: «mtu» heißt in seiner Sprache Mensch, im Plural wird ein «ba» vorgesetzt: Bantu. Genau den gleichen exklusiven Namen geben sich die Inuit auf Grönland, wörtlich «Mensch».

Ähnlich hielten es die Kelten. Ihr Name rührt aus jener wilden Zeit, als der Krieg eine ehrenvolle Sache war: Die Kelten sind «die Tapferen». Solch stolze Namenswahl ist bis heute beliebt: Das einstige Obervolta in Westafrika benannte sich 1984 in Burkina Faso um, in der Sprache der Mossi das «Land der Aufrechten».

Man selbst ist edel, stark und gut, das Fremde bedrohlich und schlecht. Schon das Wort «Elend» geht zurück auf «Ausland». Dort dräut das Übel: Deutsche verachten die «polnische Wirtschaft», spanische Eltern warnen ihre unartigen Kinder, daß der Norweger sie holen wird, in Erinnerung an die Wikingerüberfälle. Oft wird schon der bloße Völkername zur Injurie wie für die Griechen die «Turkós» und für die Deutschen die «Kanaken» – eigentlich die Urbewohner der Südsee; polynesisch «kanaka» heißt «Mensch».

Man bedient sich der Sprache des Fremden, um ihn besonders zu treffen: So wurde «Polack» zum Schimpf, was doch nur polnisch ist und schlicht «Pole» heißt. Doch machen es die Polen nicht anders: Wenn sie die Russen herabsetzen wollen, sagen sie nicht polnisch «Rosjanie», sondern «Ruski» – das aber ist russisch. Oder man verhunzt den Namen des Fremden und trifft ihn ins Mark: So entstellt man den Italiener zum «Itacker» und macht den Spanier als «Spanjockel» lächerlich.

Die Deutschen kennen viele Schimpfnamen für fremde Völker. Umgekehrt ergeht es ihnen nicht besser. Von Holländern werden sie «Moffen» tituliert, ein Wort, das verwandt ist mit Mief und Muffel.

Österreicher spotten über den «Piefke». Das war einmal ein typischer Berliner Name. Sprichwörtlich wurde er im 19. Jahrhundert durch den patriotischen preußischen Militärkapellmeister Gottfried Piefke, der viele populäre Märsche komponierte, so den «Königgrätzer Marsch» in Preußens siegreichem Krieg gegen Österreich 1866. Sein Name wurde zum Eponym für den preußischen Rekruten, dann den deutschen Soldaten und verband sich in Österreich wohl mit der Erinnerung an den Krieg von 1866, durch den Österreich aus Deutschland hinausgedrängt wurde. So wurde am Ende der «Piefke» zur Rache der «Ösis» an den Deutschen.

Ihr militärisches Wesen trug den Deutschen Spottnamen ein wie die «Hunnen», was ihnen seit dem Ersten Weltkrieg bei den Briten anhängt, und den «Fritz», wie der Deutsche früher von Russen geneckt wurde und – denn viele nationale Stereotypen haben sich überlebt und deshalb in komische Folklore verwandelt – heute noch von den Briten gefrotzelt wird, in Anspielung auf die kriegerischen Preußenkönige selbigen Namens. Wer den «Fritz» nicht hören will, muß sehen: Die Faust an der Stirn und den Zeigefinger steil nach oben, das meint die Pickelhaube und ist in der englischen Taubstummensprache das Zeichen für den Deutschen.

Insbesondere den romanischen Völkern erscheint der Deutsche klobig und vierschrötig, stur und beschränkt: Lateinamerikaner sprechen vom «Alemán quadrado», dem deutschen Quadratschädel, Franzosen sagen «Boche», was von «caboche», Dickschädel herrührt. Übrigens steckt auch in den «Moffen» der Nebensinn des Ungehobelten.

Immer wieder aber gilt: Der Fremde ist, was er ißt. US-Amerikaner rufen die Mexikaner «Chilis», Franzosen uzen die Italiener als «Macaronis» und werden selber als «Frog-eaters» oder kurz «Frogs» von den Angelsachen getriezt; und «Eskimo» ist ein Wort der Algonkin-Indianer und heißt «Rohfleischesser». Oft ist es wie mit persönlichen Spitznamen: Eine Kleinigkeit, ein Zufall genügt, und für alle Zeit haftet das Etikett. So sind die Deutschen für die US-Amerikaner noch immer «Krauts», was schon 1841 belegt ist. «Auch unser edles Sauerkraut / Wir sollen's nicht vergessen; / Ein Deutscher hat's zuerst gebaut, / Drum ist's ein deutsches Essen», prahlte Ludwig Uhland in seinem «Metzelsuppenlied»: Andere Völker brauchten dieses Selbstlob lediglich aufzugreifen und gegen seinen Urheber zu kehren, genau wie den deutschen Stolz auf jene vielgerühmten und vielgegessenen Erdäpfel, die Matthias Claudius im «Kartoffellied» verherrlichte. Die Dänen hänseln ihren südlichen Nachbarn als «Kartoffeltysker», als Kartoffeldeutsche – obwohl sie selber kaum weniger von diesem Nachtschattengewächs verzehren.

Vor allem die Sprache grenzt die Fremden aus. Schon die Griechen nannten die Fremden «Barbaros», Blablamacher (woher die Berber ihren Namen haben); die Deutschen wiederum heißen «Nemec» (tschechisch) und «Német» (ungarisch), was auf einem slawischen Adjektiv der Bedeutung «stumm» beruht: Offenbar lernten schon unsere Vorfahren, die sich in Osteuropa niederließen, ungern die dortigen Sprachen. Latinos sind für US-Amerikaner «Spiks», weil sie angeblich sagen: «No spika da english», ich nicht englisch sprechen. Deutschen kommt etwas spanisch vor, Spanier sagen: Das ist Chinesisch für mich, Italiener finden: Du redest Türkisch. Wer etwas nicht versteht, gibt immer dem anderen die Schuld. Komisch nur, daß der andere es genauso hält!

Wie heißen die Germanen?

Kaum ein Volk der Erde interessiert sich so sehr dafür, wer, wie und was es selber ist, wie die Deutschen. Seit Jahrhunderten treibt sie das um, nur die Gesinnung hat sich geändert: Suchte man im 19. Jahrhundert gute Eigenschaften, um sie als «echt deutsch» hochzujubeln, so bleibt der Blick seit 1945, getrübt durch die Schande von Krieg und Völkermord, am Schlechten hängen, um es als «typisch deutsch» abzutun. Ob die Jagd nach dem deutschen Wesen nun echt oder typisch deutsch ist, mag jeder selber entscheiden, und was dieses Wesen sei, ebenfalls, denn die Antwort ist so vielseitig und wandelbar wie jeder Volkscharakter.

Lediglich hinsichtlich des Namens der «Deutschen» selbst gibt es nichts herumzudeuteln – denn just damit hängt er zusammen: Die ersten Deutschen waren jene Laien, denen die Priester den Willen der Götter zu deuten hatten. «Deuten» meint: dem Volk die Zeichen erklären, verständlich machen. Im Wort «Deuten» steckt das germanische Wort für «Volk», das im Althochdeutschen als «diot» erhalten ist. (Es stammt letztlich von der gleichbedeutenden indoeuropäischen Vokabel «teuta» ab, die wohl mit dem lateinischen Ausdruck für «alle» verwandt ist, «totus».)

Das ungebildete Volk hatte weder das Fachwissen der germanischen Priester, noch konnte es später das Latein der römischen Kirchenleute. Es verstand nur seine eigene Sprache, und die war buchstäblich volksgemäß, «diutisc», d. h. deutsch. (Es gibt eine weitere Nation, die ihren Namen dem gleichen Vorgang verdankt wie die deutsche: das Volk Israel. So heißt in der Bibel die breite Masse im Unterschied zu den Priestern, den Kohen, und deren Tempeldienern. Letztere wurden übrigens von den Angehörigen des Stammes Levi gestellt und lasen dem Volk Israel die sprichwörtlichen Leviten, und zwar aus dem hauptsächlich religiöse Vorschriften enthaltenden dritten Buch Mose, das auch «Levitikus» genannt wird.)

Wer, wie, was die Deutschen auch immer sein wollen, dem Namen nach sind sie im Grunde schlicht das «Volk». Bei ihren hauptsächlichen Vorfahren, den Germanen, weiß man nicht einmal das: Ihr Name ist bis heute ungeklärt.

Vielleicht heißen sie nach dem «Ger», ihrem Wurfspeer; immerhin hat sich dieses Wort in vielen Vornamen erhalten, beispielsweise in «Gerhild», was «Speerkampf» bedeutet und ein Frauenname ist. Oder es liegt den «Germanen», deren Name uns nur durch römische Zeitgenossen vermittelt ist, die germanische Selbstbezeichnung «Hermann» zugrunde, was so viel wie «Krieger» bedeutet. Die Römer hatten Mühe mit dem H und machten daraus unter Umständen ein G (wie heute die Russen, ein Harry mutiert bei ihnen zum Garry) oder ein Ch – ähnlich wie es heute die Polen halten (das könnte die «Ch»erusker und «Ch»atten erklären). Die Germanen buchstäblich als Krieger, als Heer-Mannen, zu deuten, paßt ins Bild, ist aber nur eine von vielen Theorien und nicht gerade die triftigste.

Fest steht, daß die Römer den Namen für die Barbaren im Norden nicht selber geprägt hatten. Wahrscheinlich schnappten sie ihn bei den Kelten auf. Vieles spricht dafür, daß die und nicht die Germanen selbst ihn in die Welt gesetzt haben. Die Wohnsitze der Germanen grenzten östlich an ihr Land, und «ger» oder «gair» bedeutet im Keltischen «Nachbar». Dafür spricht die kuriose Tatsache, daß die Kelten später auch eine benachbarte iberische Völkerschaft so nannten, wie der römische Autor Plinius der Ältere im ersten Jahrhundert n. Chr. mitteilt.

Was die mitteleuropäischen «Germanen» betrifft, so waren die ersten, die von den Kelten so genannt wurden, westwärts über den Rhein gezogene Stämme. Friedlich wird deren Landnahme nicht erfolgt sein, und auch das könnte ihnen ihren Namen eingebrockt haben: Keltisch «garm» und «gairm» meinen das Geschrei, den Schlachtruf, und demnach könnte ein Germane ein «Schreihals» und «Brüllkopf» oder, weniger respektlos, ein «Rufer im Streit» sein.

Den Germanen selbst war ihr Name fremd: Sie selbst nannten sich nicht so. (Auch für die «Hermannen» fehlt jeder Beweis, die entsprechende Theorie stützt sich lediglich auf Mutmaßungen.) Die Germanen, so viel ist aus den historischen Quellen belegbar, verstanden sich lediglich als Angehörige ihres Stammes, also als Sueben, Hermunduren usw. Die Kelten wiederum nannten anfangs nur die unmittelbar benachbarten fremden, linksrheinisch siedelnden Stämme «Germanen». Erst Caesar weitete um 50 v. Chr. diese Bezeichnung auf die rechts des Rheins lebenden Verbände aus, für die es bis dato keinen Oberbegriff gab.

Unter den Römern konnte sich der Sammelname auch deshalb durchsetzen, weil sie in ihrer eigenen Sprache ein ähnliches Wort besaßen: das lateinische Adjektiv «germanus», das «leiblich, brüderlich, echt, wahr» bedeutet. Es leitet sich von einem Substantiv her, das Kinder von denselben Eltern bezeichnet, also durch Geburt (und nicht durch Adoption) verwandte Geschwister. Ähnlich wie Deutschland bis heute die Abstammung als vorrangiges Kriterium der Staatsangehörigkeit verficht, könnten es die Germanen gehalten haben und von den Römern, ob anerkennend oder spöttisch, als die «Reinen», eben Germanen tituliert worden sein.

Aber waren sie das wirklich? Der römische Geschichtsschreiber Tacitus behauptete in seinem Buch «De Germania» zwar: «Die Germanen möchte ich für Ureinwohner halten und keinesfalls für Mischlinge infolge Zuwanderung und gastlicher Aufnahme fremder Stämme.» Doch das ist eine zweifelhafte These angesichts der vielen verschiedenen Völker, Stämme und Verbände, die in Mitteleuropa und Südskandinavien siedelten, umherzogen, sich in alle

Richtungen ausbreiteten und mit anderen mischten. Zudem hatten die Bewohner Mitteleuropas gerade einmal zweihundert Jahre vor Tacitus' Zeit begonnen, sich kulturell von den Kelten im Westen und Süden und den Skythen im Osten zu separieren und dürften noch lange Zeit von ihren Nachbarn nicht so sehr verschieden gewesen sein. Die Kimbern und Teutonen um 110 v. Chr. galten den zeitgenössischen Römern als Kelten, nicht als Germanen.

Wer, wie, was «die Germanen» auch immer waren und warum sie so heißen, weiß man bis heute nicht. Vollends unklar wird die Sache, wenn man das Werk des griechischen Weltreisenden und Geschichtsschreibers Herodot aus der Mitte des fünften Jahrhunderts v. Chr. aufschlägt. Er hatte auch Vorderasien besucht und zählt im ersten Buch, Abschnitt 125 die persischen Stämme zur Zeit des Königs Kyros II. auf. Einer von ihnen heißt: Germanier.

Heilig und närrisch zugleich

«Niemand hat ihn je lachen gesehen», berichtet sein Biograph, ein gewisser Sulpicius Severus. Folgt man seinem Bericht, so lebte unser Held fromm und bescheiden im Dienst des Herrn, kümmerte sich um arme, notleidende Menschen und wurde schon zu Lebzeiten von allen verehrt. 80jährig starb er am 8. November 397 als Bischof von Tours an der Loire und wurde drei Tage später, am 11.11., beigesetzt: Der heilige Martin, der Namensgeber des Martinstages – ausgerechnet jenes Tages, an dem Punkt 11 Uhr 11 der Karneval beginnt.

Nach dem Leben Martins zu urteilen, müßten an diesem Tag eher sittlicher Ernst, praktische Nächstenliebe und christliche Demut auf dem Programm stehen. Geboren im Jahr 316 oder 317 als Sohn eines römischen Offiziers in Savaria, dem heutigen ungarischen Szombathely, trat Martin mit fünfzehn ins Militär ein und diente in der kaiserlichen Reitergarde. Keine achtzehn Jahre alt, vollbrachte der Soldat Martin bereits jene berühmte Heldentat der etwas anderen Art, deren Ruhm bis heute fortlebt: Als er an einem Wintertag am Stadttor von Ambianum, dem heutigen Amiens in Nordfrankreich, einen halbnackten Bettler erblickte, zerschnitt er seinen Uniformmantel mit dem Schwert in zwei Teile und gab eins dem frierenden Mann. Kurz darauf, so die Legende, oder zwanzig

Jahre später, so wahrscheinlich das Faktum, ließ Martin sich taufen, quittierte den Heerdienst und begann die Kirchenarbeit, die ihn zum «Apostel Galliens» machte.

Gott lacht nicht, «Christus», lehrte die Kirche im Mittelalter, «hat nie gelacht», und der heilige Martin folgte darin: Und doch fällt an seinem Namenstag das Startsignal für den Karneval. Daß es so kam, liegt an der «Epiphaniasquadragesima». Das war eine, heute vergessene, vierzigtägige Fastenperiode vor Epiphanias, dem 6. Januar, dem Dreikönigstag. Sie gehörte in eine Zeit, als Weihnachten noch nicht als hohes und vor allem volkstümlichstes Fest durchgesetzt war: Noch in der Spätantike feierte man Geburtstage nicht. Daher spielte auch Weihnachten als Geburtsfest Jesu keine große Rolle.

Die Epiphaniasquadragesima wurde ohne Samstage und Sonntage berechnet und begann am 12. November. Den 11. November beging man deshalb ähnlich wie die Fastnacht vor der vorösterlichen Fastenzeit. Man veranstaltete mehr oder weniger ernste Prozessionen – von denen die Laternenumzüge der Kinder herrühren – und aß noch einmal nach Herzenslust: der Jahreszeit gemäß vorzugsweise eine fette Gans, die wahrscheinlich die Herrschaft ihren Bediensteten spendierte. Obwohl ihnen Heiligenverehrung ebenso wie Karneval und Fastenzeit fremd sind, hielten sich die Martinsbräuche mit Umzug und Gänseessen auch bei den Protestanten. Allerdings ziehen ihre Kinder schon in der Abenddämmerung des Vortages los, weil sie eines anderen Martin gedenken: Martin Luther, geboren am 10. November 1483.

Bekanntlich verstand es die christliche Kirche, andere Kulte in ihrem Sinn umzudeuten, fremde Bräuche auf ihre Festtage hinüberzuziehen und damit den Glauben zwanglos im Volksleben zu verankern. Auch mit dem Martinstag bewies die Kirche ein glückliches Händchen, und das Martinsgansessen zeugt bis heute davon.

Wer seine Arbeit erledigt hat, wer gerade Geld bekommen hat, der macht gerne einen drauf. Anfang November, wenn das Vieh von den Weiden und die Gänse von den Wiesen geholt wurden, war das bäuerliche Wirtschaftsjahr beendet, und das Gesinde erhielt seinen Lohn. Wegen des Vorbilds des mildtätigen Martin geschah das gern am 11. November. Dann zahlte der Herr seine Mägde und Knechte aus und gab ein Festessen, in dessen Mittelpunkt die Martinsgans stand.

Einer Legende zufolge wurde ausgerechnet die Gans zum Festbraten, weil Martin sich bescheiden in einem Gänsestall versteckte, als man ihn zum Bischof ernennen wollte; doch die dummen Gänse verrieten ihn durch ihr Geschnatter und werden seither zur Strafe verspeist. Weniger für geistliche Zwecke zurechtgelegt, dafür der Welt der Tatsachen näher liegt die einfache Erklärung, daß die fette Gans den frugalen Speisezettel bereichert, der von November an regiert. Zudem wird dieser große weiße Vogel der häuslichen Sphäre zugeordnet und symbolisiert daher treffend den Übergang von der Feldarbeit zur winterlichen Hauswirtschaft am 11. November.

So wurde der Martinstag durch die geistliche Macht der Kirche wie dank der weltlichen Kraft der Lebensverhältnisse zu einem Tag des Genusses und karnevalesken Frohsinns. Womöglich war der Kirche diese Entwicklung auch deshalb willkommen, um einen antiken heidnischen Kultus zu ersetzen: So, wie der Karneval im November beginnt und im Februar oder März zum Höhepunkt kommt, feierten auch die Griechen des Altertums für ihren Fruchtbarkeitsgott Dionysos gleich zweimal ihre ekstatischen Dionysien, zuerst im November oder Dezember, dann im Februar oder März. Daß die spätantike oder frühmittelalterliche Kirche hieran dachte, ist zwar unbewiesen. Zumindest offenbart sich aber in dieser Parallele ein Wesenszug des Menschen: die trotzige Lust an der Ausschweifung, um sich wenigstens innerlich nicht der winterlich trüben Außenwelt zu unterwerfen.

Die kluge katholische Kirche, die die Menschennatur kennt, nahm das lebensfrohe Treiben am 11.11. hin, zumal sie sich damit trösten konnte, daß die Elf eine sündige Zahl ist. Sie übersteigt die Zahl der Zehn Gebote, und der elfte Psalm flucht den Sündern: «Der Herr prüft den Gerechten; seine Seele haßt den Gottlosen und die gerne freveln. Er wird regnen lassen über die Gottlosen Blitze, Feuer und Schwefel und wird ihnen ein Wetter zum Lohn geben.» Wehe, wenn sie Schlag elf Uhr elf losgelassen! Aber gleich darauf ist der Spuk schon wieder vorbei, und als gäbe es noch die Ephiphaniasquadragesima, ist erst einmal Ruhe im Karton.

Das etwas andere Christentum

Alles scheint anders in Äthiopien, dem ältesten unabhängigen Staat Afrikas und dem einzigen, der bis auf ein kurzes Zwischenspiel unter Mussolinis Italien nie Kolonie war. Alles scheint eigen in Äthiopien: das nur hier angebaute Hochlandgetreide namens Teff, die aus 231 Zeichen gebildete Schrift, der auf das antike Ägypten zurückgehende Kalender mit 13 Monaten – und das Christentum.

Als erstes Land Afrikas erhob Äthiopien es zur Staatsreligion. Es ist ein Christentum, das uralte jüdische Merkmale trägt und afrikanische Traditionen aufgenommen hat. Wer etwa die Bet Mariam, die Marienkirche im Wallfahrtsdorf Lalibela, besucht, erblickt neben dem christlichen Kreuz den Davidstern an den Gewölben, den doppelköpfigen chaldäischen Adler, die lachende Sonne und das Hakenkreuz, das in Mesopotamien als Zeichen für Glück und Wohlstand bekannt war und von den Frühchristen als verschlüsseltes Christussymbol gebraucht wurde. Ringsum vom Islam umgeben und tausend Jahre vom Rest der Christenheit abgeschnitten, bewahrte das äthiopische Christentum, zu dem sich heute noch über die Hälfte der Bevölkerung bekennt und das vor allem im einstigen Staatsvolk der Amharen verwurzelt ist, seinen altertümlichen Charakter und formte ganz eigene Züge aus.

Christliches Oberhaupt ist nicht der Papst, sondern der von den einheimischen Bischöfen gewählte Patriarch, der Abuna. Die Kirchensprache ist nicht Latein, sondern das altäthiopische Ge'ez, in dem auch die äthiopische Bibel abgefaßt ist. Die Priester kennen kein Zölibat, sondern müssen vor ihrer Weihe heiraten. Wie in der mittelalterlichen Kirche Europas gibt es Feiertage in Masse, allein 33 Marienfeste und achtzehn Feiertage zu Ehren von Christus, daneben Feste der Engel, Märtyrer und Heiligen. Wie vor Jahrhunderten das Abendland kennt Äthiopien noch Einsiedler und ein reges Klosterleben. An die tausend Klöster soll es geben.

So sehr das Leben vieler Äthiopier dem im Mittelalter gleicht, so sehr läßt ihr Christentum den Atem einer archaischen Zeit spüren. Im vierten Jahrhundert, als die Germanen in den Urwäldern Mitteleuropas noch Wotan anbeteten, wurde König Esana bekehrt. Der Legende nach geschah das durch Frumentios und Aedesios, die an den Hof verschleppten Neffen eines von Piraten im Roten Meer getöteten syrischen Kaufmanns. Um 500 kamen «neun Heilige» aus Syrien ins Land und missionierten die Bevölkerung. Diese Herkunft merkt man dem äthiopischen Christentum bis heute an: Wie andere orientalische Kirchen gilt es als «monophysitisch» und verehrt allein die göttliche Natur Jesu. Die europäischen Kirchen dagegen betonen Jesu zwei Wesenheiten, die menschliche und göttliche, die «unvermischt und ungetrennt» in ihm existieren. Diese Lehre war seit dem Konzil von Calcedon 451 verbindlich, und vermutlich waren die Missionare Glaubensflüchtlinge.

Ob es Spuren des Urchristentums sind oder das Erbe einstiger jüdischer Einwanderer: Die äthiopischen Christen halten neben dem Sonntag den Sabbat ein, beschneiden die Jungen acht Tage nach der Geburt und essen kein Schweinefleisch. «Löwe von Juda» nannte sich der äthiopische Kaiser, als dessen letzter Haile Selassie 1974 abgesetzt wurde. Er sah sich als Nachfahren Salomos: Nach äthiopischer Auffassung kam die Königin von Saba aus Äthiopien und zeugte mit Salomo einen Sohn, Menelik, der die 3000jährige äthiopische Herrscherdynastie begründet habe. Tatsächlich bestehen alte Verbindungen zwischen dem Horn von Afrika und der arabischen Halbinsel. Die Amharen z. B. sprechen eine semitische Sprache, und die älteste Hochkultur schufen südarabische Einwanderer im ersten Jahrtausend v. Chr.

Äthiopien glaubt sich sogar im Besitz der Bundeslade. Die Kapelle Mariam Zion in Axum, der ersten, über 2000 Jahre alten Hauptstadt, sei ihr Hort. Der Sage zufolge brachte Menelik sie von einer Pilgerreise nach Jerusalem mit nach Äthiopien. Etwas wahrscheinlicher wäre immerhin, daß sie um 600 v. Chr. von jüdischen Priestern vor Nebukadnezars Streitmacht nach Ägypten in Sicherheit gebracht wurde und von dort nilaufwärts aufs Dach Afrikas gelangte.

Die Israeliten bewahrten in der Bundeslade Moses' Gesetzestafeln auf. Daran knüpft das äthiopische Christentum an: Das Allerheiligste jeder äthiopischen Kirche ist der Tabot, eine Nachbildung der Gebotstafeln.

Tatsächlich hat das Judentum in Äthiopien eine lange Tradition, und im frühen Mittelalter existierten außer dem christlichen wohl auch jüdische Königreiche. Noch heute gibt es am Tana-See Gemeinden der sogenannten «Felaschen». Für ihre alte Geschichte spricht, daß sie keine Rabbiner, sondern nur Priester haben, die «Kohen» des Alten Testaments, den Talmud nicht kennen und wie die Israeliten Tieropfer praktizieren. Heute bilden die Felaschen eine winzige Minderheit; Zehntausende wurden nach 1974, als das Jerusalemer Oberrabbinat sie als Nachkommen des verlorenen Stammes Dan anerkannte, über Luftbrücken nach Israel ausgeflogen.

Bei den Israeliten hatten die Kohen die Leviten unter sich, die ihnen beim Tempeldienst assistierten. Vielleicht nach diesem Vorbild arbeiten die Hilfskräfte der christlichen Priester, die Debteras. Sie sind das Fußvolk der Kirche, sorgen für die archaische Kirchenmusik und den rituellen Ablauf der Gottesdienste und stehen manchmal vierzig Jahre lang in der Ausbildung, bis sie alle geistlichen Hymnen und Texte auswendig wissen.

Hinter einem islamischen Riegel verborgen im Gebirge, drang im Mittelalter wenig von Äthiopien nach Europa. Eine Sage aber faszinierte das Abendland: die vom fernen Reich des Priesterkönigs Johannes. Der Name war zwar ein Mißverständnis: Er verballhornte den Titel «Jano» («Elefant») der damaligen äthiopischen Herrscher zum griechischen «Iannis», Johannes.

Das reale Urbild des Priesterkönigs Johannes war König Lalibela. Er ließ im 12. Jahrhundert in der äthiopischen Bergwelt, abgeschieden in 2600 Metern Höhe und geschützt vor islamischen Eroberen, ein zweites Jerusalem erbauen, das später nach ihm benannte Lalibela. Nicht das reale, aber das symbolische Heilige Land erstand so mit einem Jordan – so heißt der Bach, der den Ort in zwei Hälften teilt –, den Gräbern der Erzväter Abraham, Isaak und Jakob und sogar der Grablege Jesu in der Bet Golgota, die für den Berg Golgatha steht.

Berühmt ist dieser Ort wegen seiner Felsenkirchen, die als Ganzes aus dem Gestein herausgeschlagen wurden wie eine Statue aus einem Steinblock. Verborgen im Felsinnern stecken die einen, während andere auf dem Grund in den Erdboden gemeißelter Gruben ruhen wie ein sehr altes Schmuckstück in einer Schatulle. Tief in den Fels geschnittene Gräben und durchs Gestein getriebene Tunnel verbinden die Kirchen, und in Felslöchern lagern Pilger und Mönche, die sich zur Meditation zurückgezogen haben – einige für ewig: In manchen Höhlen verdorren menschliche Gebeine.

Besonders lebendig aber wird es, wenn der populäre Höhepunkt des Kirchenjahres ansteht: Timkat, das äthiopische Epiphanias, in dessen Mittelpunkt die Erinnerung an Jesu Taufe im Jordan steht. Manche Betuchte landen inzwischen mit dem Flugzeug auf dem Dorfflugplatz, doch viele Arme wandern wochenlang durchs Gebirge, um in Lalibela dabeizusein.

Vom Morgen an versammeln sich Pilger und Debteras in den Kirchen und stimmen sich mit Beten und Singen ein. Hypnotisiert vom einförmigen Rhythmus der Trommeln und Rasseln, eingelullt vom Weihrauchduft und in euphorisierter Stimmung beginnt am Nachmittag die Prozession. In reich bestickte Gewänder gehüllt und von Novizen gegen die Sonne mit Samtschirmen geschützt, die die himmlischen Sphären versinnbildlichen, treten die Priester hinaus. Auf dem Kopf balancieren sie den Tabot, eingewickelt in dicke Brokattücher – denn kein Ungeweihter, geschweige denn ein Skeptiker darf die Gesetzestafeln sehen: Angeblich sind die Tabots nicht von Menschenhand geschaffen, sondern werden an einem geheimen Ort in Äthiopien aus dem Erdboden zutage gefördert.

Wenn sich die aus den verschiedenen Kirchen kommenden Prozessionen von Priestern, Debteras, Mönchen, Musikanten und Volk vereint haben, begibt sich der Zug zum Festzelt, wo die Gesellschaft die Nacht mit Gesang und Gebet verbringt. Bei Sonnenaufgang segnet der ranghöchste Priester das in einem kreuzförmigen Becken gesammelte Wasser (denn der Jordan ist meistens ausgetrocknet) und bespritzt die Gläubigen, die sich anschließend gegenseitig mit dem geweihten Naß benetzen. Wenn die Sonne gestiegen ist, werden die Tabots feierlich in farbigem Gepränge in die Kirchen zurückgeführt, in Wiegeschritt und Wechselgesang zwischen Priestern und Debteras, die (nach dem Vorbild des zweiten Buches Samuel, Kapitel 6, Vers 5 und 14–16) den Tanz des Volkes Israel und ihres Königs David bei der Überführung der Bundeslade nach Jerusalem nachvollziehen, begleitet von Hörnerklang, Trommelschall, dem hellen Rasseln der kultischen Sistren und dem Gejohle des Volkes.

Dieses Äthiopien ist wie eine Arche, die die alte Geschichte bewahrt. Auch wenn inzwischen die Moderne Einzug hält: Noch lebt die Vergangenheit.

Woher kommt der Weihnachtsmann?

Es ist eines der höchsten christlichen Feste und gewiß das populärste, herbeigesehnt von den Kindern, die sich viele Geschenke wünschen, und willkommen den Erwachsenen, die sich auf die arbeitsfreien Tage freuen. Selbstverständlich wissen alle, was man feiert – natürlich die Geburt Jesu – und wie man feiert: mit Christbaum, Festessen und Bescherung. Doch eine alte Erfahrung lehrt: Je genauer man das Gewohnte besieht, desto fremder schaut es zurück. Tatsächlich steckt das scheinbar urchristliche Weihnachten voller fremder Traditionen.

Im Grunde ist der römische Kaiser Aurelian schuld. Im Jahr 274 erhob er den Kult des persischen Lichtgottes Mithras zur Staatsreligion und ließ am 25. Dezember, dem ungefähren Tag der Wintersonnenwende, den «Geburtstag der unbesiegten Sonne» feiern. Der Mithraskult war damals der mächtigste Rivale des Christentums. Also setzte die Kirche statt auf Konflikt lieber auf Vereinnahmung und eignete sich den Termin als Tag der «Geburt Gottes» an – in Polen heißt Weihnachten tatsächlich so. Im vierten Jahrhundert, als das Christentum zur neuen Staatsreligion aufstieg, siegte diese Deutung, und im fünften Jahrhundert triumphierte Papst Leo I.: «Wir feiern am 25. Dezember nicht die Geburt der Sonne, sondern die Geburt dessen, der die Sonne geschaffen hat.»

Ähnlich geschickt verfuhr die Kirche, als sie um 1000 n. Chr. die nordischen Völker christianisierte: Statt die alte Julfeier abzuschaffen, die bei den einen Stämmen die Schlachtfeste zu Winteranfang meinte und bei anderen den Mittwintertag im Januar, vereinte sie sie mit dem Weihnachtsfest, das in Skandinavien deshalb «Jul» heißt.

Daß Jesu Geburtstag kaum im Winter lag, spielte bei alldem keine Rolle. Die Kirche ignorierte sogar die Bibel. «Es waren Hirten auf dem Felde bei den Hürden, die hüteten des Nachts ihre Herde», heißt es in Lukas 2, 8: Das taten die Hirten aber nur im Frühling zur Zeit des Lammens, in den anderen Jahreszeiten blieben die Schafe in den Hürden unbewacht. Aber Lukas' Bericht ist wohl ohnehin nur gut erfunden, damit das «Lamm Gottes» zur richtigen Jahreszeit geboren werde, der des neuen Lebens.

Den Anbruch einer neuen, besseren Zeit aber symbolisiert die

Wintersonnenwende ebensogut. Ihren genauen Zeitpunkt, den 21. Dezember, vermochte man früher wohl nicht präzise zu berechnen; doch am 25. Dezember konnte man sich der länger werdenden Tage sicher sein. Daß die Weihnachtszeremonien schon einen Tag vorher, am Heiligabend einsetzen, liegt freilich nicht daran, daß man irgendwann die Wintersonnenwende ein wenig genauer bestimmt hätte, sondern rührt von der jüdischen ebenso wie germanischen Anschauung her, wonach ein Tag mit der vorangehenden Nacht beginnt.

Das Wichtigste an der Weihnachtsfeier ist die Bescherung für die Kinder. Die aber – gab es einst gar nicht, sondern fand schon vorher statt: am 6. Dezember, dem Nikolaustag. Der heilige Nikolaus existierte wirklich, und das gleich zweimal. Der erste (und wichtigere) Nikolaus war im 4. Jahrhundert Bischof im kleinasiatischen Myra, das heute Demre heißt und 200 Kilometer westlich von Antalya liegt. Der andere war im 6. Jahrhundert Abt des bei Myra gelegenen Klosters von Sion und starb 564. Beide Gestalten flossen in der christlichen Hagiographie zu einem einzigen Heiligen zusammen. Die Urbilder des heiligen Nikolaus sind also real, doch seine Wundertaten sind gewiß Legenden. Vor allem zwei machten ihn populär. Nach der einen schenkte er drei mittellosen Jungfrauen, die sich im Bordell verdingen wollten, drei goldene Äpfel, so daß sie ehrbar bleiben, eine solide Aussteuer kaufen und heiraten konnten. Starker Tobak ist die andere Sage: Ihr zufolge hatte ein Metzger drei fahrende Schüler getötet und eingepökelt. Davon tischte er dem Nikolaus auf. Der aber roch den Braten und erweckte die Schüler wieder zum Leben.

Die erste Sage machte Nikolaus zum Gabenbringer, die zweite zum Schutzheiligen der Kinder; im Brauchtum floß beides zusammen. Ein drittes, unchristliches Element kam hinzu: Sein Begleiter Knecht Ruprecht. Dieser Schreckensmann geht anscheinend auf die Perchten zurück, Gestalten aus dem germanischen Totenkult, die im Dezember spukten. Der Name «Ruprecht» könnte «rauher Percht» bedeuten, wobei «Percht» mit «verbergen» zu tun hat, während «rauh» auf Rauchwerk verweist und den links getragenen, rauhen Pelz meint. Ursprünglich personifizierte Knecht Ruprecht die bösen Wintermächte, sollte sie wohl auch durch Übertrumpfung in die Schranken weisen und wurde dann pädagogisch umfunktioniert. Nicht der kinderliebe Nikolaus, sondern der ruppige

Kumpan an seiner Seite hatte nämlich bei ihrem Zug durch die Gemeinde den ungehorsamen Nachwuchs Mores zu lehren.

Da in der Reformation die Protestanten die katholische Heiligenverehrung ablehnten, verlor der Nikolaus bei ihnen seine Stelle. Luther höchstpersönlich verlegte das «Kindleinbescheren», wie er es nannte, auf die Weihnacht; die Kleinen sollten statt des Nikolaus den «Heiligen Christ» erwarten, eben das Jesus- bzw. «Christkind». Diesen Glauben ans Christkind teilten sie mit dem katholischen Nachwuchs. Merkwürdigerweise hat er nur bei diesem sich bis heute gehalten, während er in den, wohl weniger glaubensfesten, evangelischen Familien verlorenging. Paradox genug, blieb den Protestanten dafür der Nikolaus als Gabenbringer erhalten – er wurde zum Weihnachtsmann.

Ähnlich durcheinander wie in Deutschland mit Nikolaus, Weihnachtsmann und Christkind geht es auch international. Da gibt es den holländischen Sinterklaas (d. h. Nikolaus), den spanischen El Niño (alias Christkind) und in Dänemark außer dem Julemand (Weihnachtsmann) noch die Julenissen, kleine Kobolde wie die Heinzelmännchen. Solchen Wichten, die seit alters als Hüter der Schätze gelten, verdankt der Weihnachtsmann seine Zipfelmütze.

Seinen roten Mantel setzte Coca-Cola weltweit durch, als die Limonadenfirma 1931 einen Verkaufsfahrer in ein solches Winterkostüm steckte und mit seinem vom Grafiker Haddon Sundblom stilisierten Foto Reklame machte. Doch die Kleidung selbst ist wesentlich älter, wie schon ein Blick in den ebenfalls international, auch im angelsächsischen Raum erfolgreichen «Struwwelpeter» des Heinrich Hoffmann beweist: Schon in der Erstausgabe von 1845 wird darin «von den schwarzen Buben» erzählt, die der «große Nikolas» in sein großes Tintenfaß tunkt. Dieser Nikolaus trägt ein rotes Gewand – denn das ist die gewöhnliche Alltagskleidung des Bischofs: Pfarrer tragen einen schwarzen Talar, Bischöfe einen roten. Dieses prächtige Rot, das gerade die Kinder lieben, hat dann der Weihnachtsmann dem Nikolaus abgeschaut.

Der inzwischen konfessionsübergreifende Glaube an den Weihnachtsmann hat sich in Deutschland erst vor 100 Jahren durchgesetzt. Als einzige Mission ist dem sehnsüchtig erwarteten Greis, der doch eigentlich das Jesuskind mit seiner Erlösungsbotschaft sein müßte, das ganz weltliche Bescheren verblieben. Dieses rein diesseitige Beschenken auch der Erwachsenen hat mit

Weihnachten in der Tat nur indirekt zu tun: Es ist alter Neujahrsbrauch.

Seit der Karolingerzeit und bis ins 17. Jahrhundert galt vielerorts der 25. Dezember als Jahresanfang. Zum Neujahr aber war es üblich – als Treueprämie wie als gutes Omen für die Zukunft –, daß die Herren ihre Leute beschenkten: Unser Weihnachtsgeld rührt ebenso von dieser Sitte her wie das Trinkgeld für Postboten oder Müllfahrer zu Silvester. Ihr verdankt sich letztlich auch der Aufstieg der Weihnachtsmärkte – die einmal nichts anderes waren als die gewöhnlichen Wochenmärkte vor Sonn- und Feiertagen –, weil zu dieser Zeit auch die armen Leute Geld in der Tasche hatten. Schon im 17. Jahrhundert wetterte der Hamburger Pastor Johann Balthasar Schupp gegen das geschäftige Treiben: «Wann wird größerer Wucher, größere Schinderey und Betriegerey getrieben, als an dem Christ Abend, wann das Kindlein Jesus Frauen, Kindern und Gesind etwas bescheren sol?» Der Beliebtheit des Christmarkts, der im Hamburger Dom selbst stattfand, tat das keinen Abbruch – auch nicht bei den anderen Kirchenleuten, flossen die Standgelder der Aussteller doch in ihre Kasse.

Ein typischer Brauch zum Jahresende war das Festmahl, bei dem die Herrschaften ihre Untergebenen bewirteten. Die Weihnachtsfeiern der Betriebe, die in Deutschland Usus sind, und beispielsweise die dänische Julefrokost, das Weihnachtsessen, bei dem die Firmen ihre Beschäftigten freihalten, wurzeln in dieser Tradition ebenso wie der Weihnachtsschmaus, zu dem einst das Familienoberhaupt lud. Heute steht der Speiseplan in jedermanns freiem Ermessen, doch nach alter Sitte ißt man am Heiligabend Fisch, während am ersten Feiertag eine Gans auf dem Tisch steht. Der Vogel verdankt sein Schicksal vielleicht dem Vorbild des Martinsgansessens, das schon im Mittelalter am Ende eines jeden Wirtschaftsjahres die Herren für ihre Bedienten gaben. Fisch dagegen ist eine Fastenspeise, und der 24. Dezember steht noch unter dem Adventsgebot der Abstinenz von Fleisch.

In manchen Ländern wie zum Beispiel Polen bevorzugt man einen ganz bestimmten Fisch: den Karpfen. Daß der auch ein beliebtes Silvesteressen ist, bestätigt abermals die einstige Identität von Weihnachten und Neujahr. Noch ein ganz anderer Brauch verdankt sich ursprünglich dem Jahresende: der Weihnachtsbaum. Die Sitte entstand im 16. Jahrhundert im Elsaß, verbreitete sich über ganz Deutschland und eroberte seit dem 19. Jahrhundert die halbe Welt. Auswanderer brachten ihn nach Amerika, und ins europäische Ausland verheiratete deutsche Adlige führten ihn in fremden Fürstenhäusern ein, woraufhin der Brauch vom Volk kopiert wurde. In Großbritannien zum Beispiel stellte erstmals Königin Victorias Prinzgemahl Albert aus dem Haus Sachsen-Coburg-Gotha einen geschmückten Tannenbaum in Schloß Windsor auf.

Bis dahin hatte man die königlichen Gemächer mit Efeu, Misteln und Lorbeer dekoriert. Tatsächlich ist der Christbaum aus den in Europa weithin verbreiteten Wintermaien hervorgegangen, grünen Reisern, die als Schmuck am Haus und in der Stube den Jahressegen garantieren sollten. Diese Reiser sind mit den die Fruchtbarkeit beschwörenden und die Wintergeister bannenden Maizweigen verwandt, wie denn auch der festlich geputzte Christbaum sein Gegenstück im bunt geschmückten Maibaum hat.

Daß man in die Weihnachtstanne Naschwerk für die Kinder und Engel zur christlichen Erbauung hängt, ist ohne weiteres verständlich. Die Christbaumkugeln dagegen leuchten nicht sofort ein. Aber noch im 18. Jahrhundert baumelten an ihrer Stelle Äpfel an den Zweigen. Erst später ersetzte man sie durch die haltbaren und edler schimmernden Kugeln.

Der Apfel als Frucht der Versuchung und Sinnbild des Sündenfalls mag deplaziert wirken. Doch im Gegenteil: Schon im vierten Jahrhundert hatte Bischof Ambrosius von Mailand dieses Obst von seinem schlechten Ruf befreit. «An das Kreuz geheftet», schrieb der Kirchenvater, «hing Christus einem Apfel gleich am Baum des Lebens und strömte den Duft der Welterlösung aus. Doch nicht bloß Wohlgeruch verströmt die kostbare Frucht, sondern auch süße Labung bietet der Apfel. Solch köstliche Nahrung ist Christus.» Das paßte nun genau zur Feier von Christi Geburtstag und der Apfel also an den Weihnachtsbaum.

Schon im Elsaß des 16. Jahrhunderts handelte es sich bei den «Weihnachtsmaien», wie sie dort hießen, um Nadelbäume. Das Wintergrün symbolisiert Lebenskraft. Zudem galt die Tanne, vielleicht wegen ihrer spitzen Nadeln, als hexen- und dämonenabwehrend: Deshalb stellen bis heute Bauarbeiter beim Richtfest ein mit bunten Bändern geschmücktes Tannenbäumchen in den Giebel des Rohbaus, um Unheil und namentlich den Blitz fernzuhalten.

Der Weihnachtsbaum wurzelt natürlich nicht nur in heidnischen Kulten. Zum einen haben Bäume in der christlichen Kunst festen Symbolwert: der Apfelbaum als «Baum der Erkenntnis», die Palme als «Baum des Lebens». Zum andern spielten die Krippenbilder eine Rolle: Bereits auf den ältesten waren Palmen, Öl-, Feigen- oder Dattelbäume zu sehen. Es lag nahe, daß, wer in nördlichen Stuben das christliche Heilsgeschehen nachstellen wollte, keine winterlich abgestorbenen Gehölze nahm, sondern lebendes Baumwerk.

Heidnische Vorstellungen und christlicher Glaube schlossen sich auch im Adventskranz zusammen. Ähnlich dem Weihnachtsbaum hat er mit den Wintermaien zu tun: Ein Kirschzweig, Anfang Dezember ins Wasser gestellt, treibt zu Weihnachten Blüten. Die Form des Adventskranzes gleicht den bis heute üblichen Gesundheitskränzen aus Kräutern, Blumen und Stroh und verweist außerdem – auf einen Kronleuchter. Als solchen hatte Johann Hinrich Wichern, der Gründer des «Rauhen Hauses», einer Erziehungsanstalt in Hamburg, den Adventskranz um 1838 erfunden: Sein Kranz war, in Anspielung an Jesu Einzug in Jerusalem, aus Palmzweigen geflochten, trug 24 Kerzen und hing übermannsgroß wie ein Lüster an der Decke. Später ließ Wichern den Kranz aus Tannengrün binden. Anstaltsarbeiter und einstige Zöglinge trugen die Sache unters Volk, das das aufwendige Gebilde für den Hausgebrauch zurechtstutzte.

Endlich sind auch die Lichter des Weihnachtsbaums keine durch und durch christliche Erfindung. Zum einen spielt wieder der Jahreswechsel hinein: Schon im Altertum gehörte eine festliche Beleuchtung zum Neujahr. Dann gibt es einen jüdischen Ritus: Juden feiern seit bald 2200 Jahren Chanukka, das Lichterfest. Chanukka fällt in den November oder Dezember und wird acht Tage lang gefeiert, wobei am achtarmigen Chanukka-Leuchter jeden Tag eine Flamme mehr entzündet wird. Im 18. Jahrhundert, als die Christen religiöse Toleranz lernten, mag dieses Vorbild sie zu dem stimmungsvollen Kerzenschmuck des Weihnachtsbaums angeregt haben.

Vielleicht aber wurzelt die romantische Flammenzier auch in altem Totenglauben, wonach das brennende Licht den verstorbenen Angehörigen, die am Jahresende zu Besuch kommen, den Weg weisen sollte. Die Kirche, die die Kerze als Licht des Lebens kennt und ohnehin über eine bis zu den Urchristen in den Katakomben

Roms zurückreichende Beleuchtungstradition verfügt, hätte den Totenkult dann aufgenommen und umgedeutet, nun stehen die Kerzen für das Kommen Christi. Oder auch, unserer materiellen Zeit gemäß und dem weltlichen Glauben an den Mammon entsprechend, für das Kommen des Weihnachtsmanns.

Mythos 2000

Fast alle haben es längst vergessen, aber die älteren unter den Lesern erinnern sich vielleicht noch an dieses menschheitsbewegende Datum: In der Nacht vom 31. Dezember 1999 auf den 1. Januar 2000 feierte alle Welt den Sprung ins neue Jahrtausend. Aber war es wirklich alle Welt, und feierte sie zu Recht?

Da war zunächst einmal die schöne runde Zahl 2000: Die stand zwar in unserem Kalender, aber anderswo zählt man die Jahre anders und feiert auch Neujahr an einem anderen Tag. Die Moslems befanden sich damals im Jahr 1420 nach Mohammeds Auswanderung aus Mekka, und das Jahr 1421 begann erst an unserem 4. April 2000. Die Juden, die den Tag der Weltschöpfung auf den 7. Oktober 3761 v. Chr. datieren, lebten mitten im Jahr 5760, am christlichen 30. September 2000 war ihr Rosch Ha-Schana 5761. Die Hindus waren nach ihrem «Saka»-Kalender erst im Jahr 1921 angekommen, und lange das Jahr 2000 hinter sich gelassen hatten die Buddhisten, deren Zählung 543 v. Chr. einsetzt, ebenso wie die Japaner, deren Kalender 660 v. Chr. beginnt, und die Chinesen, deren Zeitrechnung mit dem legendären Kaiser Huang Di anfängt: 2637 v. Chr.

Nicht einmal alle Christen feierten damals den Millenniumswechsel. Die äthiopische Kirche, die Jesu Geburtsjahr genauer berechnet hat, zählte das Jahr 1992, die Kopten lebten sogar noch im Jahr 1715, weil sie nach der «Märtyrer-Ära» rechnen, die mit dem Amtsantritt des Kaisers und Christenverfolgers Diokletian 284 n. Chr. beginnt. Das klingt kurios, aber bevor der Mönch Dionysius Exiguus im sechsten Jahrhundert die Zählung nach Anno Domini ausgetüftelt hatte, praktizierte man diesen Kalender auch im Abendland, wenn man nicht sogar nach der mythischen Gründung des heidnischen Rom im Jahr 753 v. Chr. rechnete. Nur die griechisch-orthodoxe Christenheit konnte den Millenniumswechsel mitfeiern – aber erst in der Nacht vom 13. auf den 14. Januar 2000, weil sie nach dem julianischen Kalender rechnet, der dem gregorianischen zwei Wochen hinterherhinkt.

Zwar hat sich die römisch-katholische Jahreszählung nach Christi Geburt global durchgesetzt. Ihre Vorherrschaft ist, ähnlich wie die Ausbreitung der englischen Sprache und der US-amerikanischen Kultur, eine Folge politischer und ökonomischer Vormacht. Vor wenigen Jahrhunderten beschränkte sich dieser Kalender noch auf Westeuropa. Schon die Christen der Ostkirche rechneten damals nach dem byzantinischen Modus, dessen Stichtag der 1. September 5509 v. Chr. als Tag der Welterschaffung war – in Rußland galt er bis 1700. Erst parallel zum Aufstieg der westlichen Wissenschaft und dem Ausschwärmen der Europäer über den Globus verbreitete sich die gregorianische Zählweise. Im 17. Jahrhundert begannen die Europäer, fremde Kalender mit ihrem eigenen zu synchronisieren, und bis ins 19. Jahrhundert dauerte es, bis nichtchristliche Reiche die «christliche Ära» akzeptierten: Japan tat es 1872, die Türkei 1927, China 1949. Doch selbst dort, wo sie offiziell gilt, verwendet man sie oft nur im Verkehr mit dem Ausland, während man im Alltag die einheimische Zeitrechnung pflegt. Daß zum Beispiel auch Chinesen dem Jahr 2000 entgegenfieberten, hatte den Grund, daß für sie nach ihrem eigenen Kalender Anfang Februar «das Jahr des Drachens» begann. Der Drache ist Chinas Symbol, und deshalb erhofften viele Chinesen ein großes Jahr.

Last but not least befanden sich aber auch nach dem gregorianischen Kalender alle, die in der Nacht vom 31. 12. 1999 auf den 1. 1. 2000 weltweit den Jahrtausendwechsel feierten, schlicht im Irrtum. Kaum jemand wollte wahrhaben, daß das neue Millennium erst am 1. Januar 2001 beginnen würde: Ein Jahr Null gab es nämlich nicht, weshalb jedes Säkulum mit einer Eins beginnt und mit der vollen Hundert endet.

Gleichwohl waren die Leute schon bei der Wende von 1899 auf 1900 der Faszination jener Zahl erlegen, wenn alles auf Null und damit scheinbar auf Anfang gestellt wird: Damals hatten «Wir Wilhelm, Kaiser von Gottes Gnaden» eigens verfügt, daß das neue Jahrhundert am 1. Januar 1900 beginnt. Das änderte allerdings nichts daran, daß das neue Jahrhundert erst am 1. Januar 1901 begann.

Das dritte Jahrtausend begann also nicht am 1. Januar 2000, sondern ein Jahr später. Eine Frage blieb in beiden Fällen: Wo auf der Erdkugel begann das neue Jahrtausend überhaupt, geschah es an der Datumsgrenze oder erst in Greenwich, wenn ein neuer Tag eigentlich schon zwölf Stunden alt ist? Erstaunlicherweise ist nicht nur beides richtig, es gibt sogar 24 richtige Antworten. Auf dem Globus gelten nämlich sowohl die Weltzeit, deren Maß die Greenwich-Zeit ist und die letztlich nur für die Wissenschaft Gewicht hat, als auch sämtliche Ortszeiten, die sich an den 24 Zeitzonen der Erde orientieren. Darum durfte jedes Land guten Gewissens seinen eigenen Jahrtausendanfang zelebrieren.

Jeder Jahreswechsel, erst recht ein Jahrtausendwechsel wird mit Abschied und Erneuerung verbunden, obwohl er in Wahrheit ein willkürliches Datum ist. Angst und Hoffnung verbinden sich mit der vermeintlichen Zeitenwende, optimistische Utopien und vor allem: apokalyptische Visionen. Das Millenniumsfieber grassierte 1999: Alles schien wie vor 1000 Jahren, als die Menschheit schon einmal vor dem Weltende zitterte. In Wirklichkeit traf das Gegenteil zu: Im Unterschied zu uns war den Leuten im Mittelalter die Sache ziemlich schnuppe.

Wenn überhaupt, ängstigte sich vor 1000 Jahren die winzige Minderheit der Katholiken, die gerade einmal 30 Millionen Köpfe in einer Weltbevölkerung von vielleicht 500 Millionen stellten. Aber selbst im Abendland war die christliche Jahresrechnung nur den Geistlichen und den Schreibern an Fürstenhöfen bekannt, im Volk zahlte man eher die Regierungsjahre des Herrschers.

Wohl jede Kultur kennt magische Ziffern, die Fünf und die Neun (in China), die Drei, Sieben, Zwölf und Dreizehn (in Europa und im Orient), die 108 (die heilige Zahl des Buddhismus, denn unter so vielen Begierden leidet der Mensch); und vielen Völkern, Ägyptern, Hindus, Germanen, Inkas und Juden, waren Mythen vom Weltende vertraut. Nur die Christen aber verbanden beides, die Endzeitvorstellung mit konkreten Zahlen. In der Offenbarung des Johannes steht: «Und wenn die tausend Jahre vollendet sind, wird der Satanas los werden aus seinem Gefängnis und wird ausgehen zu verführen die Völker an den vier Enden der Erde»; auch wird dem Antichristen, dem «Großen Tier», eine Zahl gegeben: die 666. Demnach hätte, einige Willkür im Auslegen vorausgesetzt, im Jahr 999, dem Jahr der drei umgedrehten Sechsen, oder nach

Silvester 1000 scheinbar das Armageddon drohen können. Indes geht dem Kommen des Antichristen die Wiederkehr Christi und die Errichtung seines tausendjährigen Reiches voraus, weshalb die Gläubigen statt des Weltuntergangs erst das Zeitalter der Glückseligkeit hätten erwarten müssen. Doch das sind sowieso müßige Deutungen, denn die Kirche verstand schon damals, nach der Lehre antiker Thologen, die Zahlenangaben der Apokalpyse nicht wörtlich, sondern als bloße Metaphern.

Aber selbst wenn irgendwelche halbgebildeten Mönche und Priester das Weltende befürchteten, an welchem Tag sollten sie das tun? Es gab zahlreiche miteinander konkurrierende Neujahrstage: Ostern, den 25. März als Tag der Verkündigung Mariä, Weihnachten, den Dreikönigstag. Der 1. Januar aber wurde von der Kirche erst 1691 durch Papst Innozenz XII. anerkannt.

Und schließlich war die Furcht vor dem Jüngsten Gericht im Mittelalter eine ständige Drohung und hätte um das Jahr 1000 nicht mehr Schrecken hervorgerufen als sonst. All die angeblichen Berichte über Hysterie, Panik und Harakiri, über Büßerfanatismus und Horden von Flagellanten sind Märchen – erzählt von fortschrittsgläubigen Historikern der Neuzeit, um Naivität und Aberglauben zu verspotten. Das finstere Mittelalter ist wieder einmal bloße Erfindung – im Unterschied natürlich zu unserer aufgeklärten Gegenwart.

Wenn Papst Silvester mit dem Schlüssel kommt

«Same procedure as every year», jedes Jahr ist es das gleiche. Je näher das Kalenderende rückt, desto dringender fragt man sich: «Was fang' ich nur Silvester an?» Eigentlich liegt die Antwort nah: mit der Familie oder Freunden feiern, gut essen und viel trinken, Blei gießen, um einen Blick in die Zukunft zu werfen, Punkt Mitternacht ein gutes neues Jahr wünschen, dann ein Feuerwerk abbrennen – das prägt zwar nicht unbedingt die Praxis, aber die Vorstellung der meisten Deutschen über die Nacht vom 31. 12. auf den 1. 1.

Es ist sogar the same procedure all over the world, weltweit das gleiche. Den Jahreswechsel gemeinsam feiern, über die Zukunft orakeln und Krach machen, das gehört fast überall zum Repertoire, ob man es nun im Familienkreis tut, eine Party besucht oder, wie in Tibet, zu Tausenden zu einem Kloster pilgert. Dort segnen die Mönche die Wallfahrer mit Reiskörnern, stellen in Ritualtänzen den Kampf zwischen Gut und Böse dar, verscheuchen mit Gewehrsalven die Geister des alten Jahres und beschwören durch Enthüllung nagelneuer Skulpturen ein gutes kommendes.

Spätestens seit der Mensch vor Jahrtausenden zum Bauern geworden war, wußte er Bescheid über den Kreislauf der Jahreszeiten und die regelmäßige Wiederkehr von Wachstum und Ernte. Die tatsächliche oder beschworene Ankunft des Frühlings, wenn das Leben erwacht, sich die Welt verjüngt und die Zeit erneuert, markiert deshalb das traditionelle Neujahr.

So ist es bei den Persern, die ihr «Nourus» am 21. März feiern, bei den Chinesen, deren «Chun jie» zwischen Ende Januar und Mitte Februar stattfindet, und selbst bei den Äthiopiern, deren Neujahr auf unseren 11. September fällt: Dann geht die naßgraue Regenzeit zu Ende, die liebliche Jahreszeit beginnt, und das gelbe Blütenmeer der Frühlingsblume Meskal läßt das Hochland erstrahlen. Die gegenteilige Bewandtnis hat es mit dem jüdischen Neujahr im September oder Oktober: Um diese Jahreszeit erlöst einsetzender Regen im Nahen Osten Mensch, Haustier und Nutzpflanze von der extremen Hitze und Trockenheit.

Ausgerechnet der 1. Januar fällt aus dem Rahmen: Neujahr im Mittwinter! Schuld daran sind mal wieder die alten Römer. Ursprünglich feierten sie Neujahr zwar am 1. März. Indes traten die höchsten Staatsbeamten schon am 1. Januar ihre Ämter an, wohl um sich in der Winterpause in ihre Aufgaben einzuarbeiten. Cäsars Kalenderreform 46 v. Chr. zog das Neujahr entsprechend vor. Die mittelalterliche Kirche bevorzugte als Neujahrstag zwar das Weihnachtsdatum, doch 1691 legte sich Papst Innozenz XII. auf den 1. 1. fest. Eine christliche Rechtfertigung dieses heidnischen Termins war längst gefunden, als Tag der Beschneidung Christi: Jüdischen Knaben wird am achten Tag zum Zeichen der Erneuerung des Bundes mit Gott das Membrum virile entfernt.

Silvester und Neujahr markieren Abschluß und Neubeginn, Rückblick und Vorschau. Sorgen wollen beschwichtigt, Hoffnungen geweckt werden. Damit das Neue sich entfalten kann, muß das Alte abgetan sein. Seine Spuren werden handfest beseitigt: Die Wohnung wird gesäubert – ein Brauch, der von Europa über Persien bis nach Japan gilt und den auch die Römer pflegten; der letzte Monat ihres alten Kalenders, der Februar, heißt nach dem Reinigungsfest «februa» (dessen Name wiederum auf «februum» zurückgeht, die Räucherung, Reinigung).

Ins Reine kommen soll man auch mit sich selbst und den anderen, also innere Einkehr halten, eigene Fehltritte sühnen und anderen ihre verzeihen. Eine Frist von zehn Tagen gewährt Gott dafür den Juden: Am Neujahrstag Rosch Ha-Schana, wenn das Blasen des Schofars zur Buße ruft, schlägt der oberste Richter das Buch der Menschheit auf, worin er die guten und schlechten Taten jedes Einzelnen verzeichnet. Bis Jom Kippur, dem Versöhnungsfest am zehnten Tag, hat jeder Zeit, sein Schicksal zu wenden und in das Buch des Lebens statt das des Todes eingeschrieben zu werden: «Zu einem guten Jahr mögest du eingeschrieben werden!», lautet deshalb der jüdische Neujahresgruß. Von hier kommt der «gute Rutsch»: Er verballhornt «Rosch», was Kopf, Spitze (nämlich: des Kalenders) bedeutet.

Nicht nur die Seele, auch der Leib will es gut haben. In China verputzen die Familien zu Neujahr Menüs mit bis zu zwanzig Gängen. Im islamischen Nordafrika schlachtet man ein Schaf oder sogar ein Kamel und schwelgt eine Woche lang mit Verwandten und Nachbarn. Zudem endet mit dem Neujahr der Pilgermonat Dhu Alhadschja, und die glückliche Heimkehr der Wallfahrer muß üppig gefeiert werden. In Deutschland gilt das Omen: Wer gut tafelt, dem geht im folgenden Jahr das Essen nicht aus. Die Römer ließen sogar einen üppig gedeckten Tisch die Nacht über stehen, um Überfluß für das ganze Jahr zu sichern.

Überhaupt geht die Neujahrsnacht mit der Zukunft schwanger. Die Orakel, die man einst befragte, um Auskunft über Gesundheit, Heirat und Ernte zu erlangen, hatten psychologisch Sinn, sie nahmen existentielle Fragen ernst und beruhigten die Leute über den Fortbestand ihrer Familie oder ihres Dorfes. Spielerisch praktiziert man heute noch das Bleigießen, um aus den im Wasser erstarrten Zufallsgebilden die Zukunft zu deuten. (Ersatzweise kann man ein rohes Ei in kochendes Wasser schlagen.) Besonders wirksam ist es, das Blei durch einen Schlüssel zu gießen, das Attribut des Papstes Silvester, mit dem er das neue Jahr aufschließt. Er ist der christliche Tagesheilige, weil er am 31. Dezember 335 starb, doch sein Zubehör ist heidnisch; den Schlüssel gab ihm der römische Janus, der Gott des Eingangs und der Türen und Namensgeber des Januar.

Die Schwellenangst vor dem unbekannten neuen Jahr will überwunden sein. So faßt man gute Vorsätze, verschickt Neujahrskarten, wünscht den Mitfeiernden nur das Beste und ruft «Prosit Neujahr», wörtlich: «Möge das neue Jahr nützen». Auf Helgoland heißt das Neujahr ausdrücklich «Wenskedai», Wünschetag. Chinesen hängen bunte Holzschnitte und kostbare Rollbilder auf, auf deren rotem Papier goldene Schriftzeichen gemalt sind für «Frühling», «Frieden», «Glück» oder «Langes Leben»; diese Neujahrsbilder hängt man kopfunter auf, denn «umgekehrt» heißt chinesisch «dao», was zugleich «(ist) gekommen» bedeutet. Japaner besuchen die buddhistischen Tempel und schintoistischen Schreine und kaufen Horoskopzettel, die sie um Zweige und Zäune wikkeln, oder schreiben ihre Wünsche auf Votivtäfelchen, die sie in die Bäume hängen und die dann zu Hunderten im Wind klappern.

Um die höheren Mächte für sich einzunehmen, bringt man ihnen am Jahresanfang Opfer dar wie im antiken Rom oder spendet den Tempeln Geld wie im modernen Japan. Das diesseitige Gegenstück sind die Neujahrsgeschenke, die es ebenfalls seit Römerzeiten gibt und die auch hierzulande üblich waren: «Wem man nitt ettwas schencken dut / Der meynet, das gantz jor werd nit gut», reimte Sebastian Brant vor 500 Jahren. Nur galt damals meist der 25. Dezember als Neujahr – deshalb haben wir heute eine Weihnachtsbescherung statt Neujahrspräsenten. In Rußland aber beschenkt man sich noch heute zu Neujahr, nicht zu Weihnachten – dort ersetzt Väterchen Frost den Weihnachtsmann und verteilt die Gaben. Auch im Iran, in China und in Japan gibt es Geschenke zu Neujahr, dem wichtigsten Familienfest.

Zum Neujahr gehört Krach: Ob als Salutschießen in den Alpenregionen, als Neujahrsläuten mit Kuhglocken im Aargau, als Neujahrsschreien im Südtiroler Pustertal, ob mit Schiffssirenen in den Hafenstädten, ob als Silvesterfeuerwerk mit Böllern, Kanonenschlägen und Knallfröschen nach chinesischem Muster oder mit 108 Tempelglockenschlägen wie in Japan, weil das die heilige Zahl der Buddhisten ist (sie steht für die 108 Leiden verursachenden Begierden des Menschen). Unüberhörbar bezeugt der Krach die Lebensfreude und demonstrative Zuversicht der Feiernden; er brüllt alle Bedenken nieder und wehrt nach altem Glauben Dämonen ab.

Seit alters gilt der Jahreswechsel auch als Totenzeit. Um die Geister der Verstorbenen ruhigzustellen, gehört das Opfer für die Ahnen zum chinesischen Neujahr bis heute ebenso dazu wie einst in Rom die Ehrung der Vorfahren an den Parentalia im Februar. Ein Rest alten Geisterwahns spukt auch in Deutschland: in den Zwölften, den Nächten vom 25.12. bis zum 6.1., wenn die «Wilde Jagd» des von Wotan angeführten Totenheers durch die Lüfte rast. Schon im frühen Mittelalter kannte die Kirche ihrerseits eine zwölftägige Freudenzeit, und noch heute feiert sie am 6. Januar das Groß- oder Hochneujahr. Ob heidnisch oder christlich gedeutet, in Wahrheit handelt es sich wohl um zwölf Zusatztage, um den Unterschied zwischen Mondjahr (mindestens 353 Tage) und Sonnenjahr auszugleichen. Deshalb liegt diese Zeit «zwischen den Jahren».

Fünf Tage lang feierte man im antiken Rom Neujahr. Fünfzehn waren es im alten China, drei offizielle Feiertage sind es heute, so wenige wie in Japan und im Iran. Wir aber müssen uns sogar mit anderthalb begnügen und am 2. Januar wieder arbeiten.

Im westafrikanischen Gabun ist das genauso. Doch am 2. Januar 2001 bewirkte eine scherzhafte Falschmeldung im Radio, daß die meisten Gabuner sich einen zusätzlichen Feiertag gönnten. Staatspräsident Omar Bongo, der in seiner Neujahrsansprache eine bessere Arbeitsmoral gefordert hatte, verstand indes keinen Spaß. Er erklärte den folgenden Samstag zum Arbeitstag. Prosit Neujahr!

Auswahlbibliographie

Jürgen Abel: Cybersl@ang. Die Sprache des Internet von A bis Z. München ²2000.

Udo Achten u. a.: Mein Vaterland ist international. Internationale illustrierte Geschichte des 1. Mai von 1886 bis heute. Oberhausen 1986.

John Ayto: Dictionary of Word Origins. New York 1991.

John Ayto/John Simpson: The Oxford Dictionary of Modern Slang. Oxford ⁵1996.

Klaus Bartels: Sokrates im Supermarkt. Streiflichter aus der Antike. Darmstadt 1997.

Klaus Bartels: Wie der Steuermann im Cyberspace landete. 77 neue Wortgeschichten. Darmstadt 1998.

Gerhard J. Bellinger: Knaurs großer Religionsführer. 670 Religionen, Kirchen und Kulte [...]. Augsburg 1999.

Charles Berlitz: Die wunderbare Welt der Sprachen. Fakten, Kuriosa, Geheimnisse. Aus dem Amerikanischen von Lilian Faschinger und Stefanie Schaffer. Wien 1982.

Hans Biedermann: Knaurs Lexikon der Symbole. Augsburg 2000.

Dieter Bloch: Geographische Namen kurz erklärt. Gotha 1989.

Reinhard Bockhorni: Äthiopien. München 1995.

Ernest Borneman: Sex im Volksmund. Der obszöne Sprachschatz der Deutschen. Reinbek 1991.

Jan N. Bremmer: Götter, Mythen und Heiligtümer im antiken Griechenland. Deutsch von Kai Brodersen. Berlin 1998.

James Buchan: Unsere gefrorenen Begierden. Was das Geld will. Aus dem Englischen von Angela Praesent und Peter Torberg. Köln 1999.

Grant Campbell: Words. A Potpourri of Fascinating Origins. Santa Barbara 1992.

Deutsches Rechtswörterbuch. Wörterbuch der älteren deutschen Rechtssprache. Hrsg. v. d. Preußischen Akademie der Wissenschaften bzw. von der Heidelberger Akademie der Wissenschaften. Weimar 1914 ff.

Hannsferdinand Döbler: Die Germanen. Legende und Wirklichkeit von A–Z. Lexikon zur europäischen Frühgeschichte. München 1975.

Vitus B. Dröscher: Mit den Wölfen heulen. Spruchweisheiten aus dem Tierreich und was dahintersteckt... Düsseldorf 1978.

Duden. Herkunftswörterbuch. Etymologie der deutschen Sprache. Hrsg. v. der Dudenredaktion. Mannheim ³2001.

Duden. Redewendungen und sprichwörtliche Redensarten. Wörterbuch

der deutschen Idiomatik. Bearbeitet von Günther Drosdowski und Werner Scholze-Stubenrecht. Mannheim 1992.
Hermann Ehmann: voll konkret. Das neueste Lexikon der Jugendsprache. München 2001.
Ulrich Enzensberger: Parasiten. Ein Sachbuch. Frankfurt/M. 2001.
Etymologisches Wörterbuch des Deutschen. 2 Bände. Durchgesehen und ergänzt von Wolfgang Pfeifer. Berlin [2]1993.
Eugen Fehrle: Feste und Volksbräuche im Jahreslauf europäischer Völker. Kassel 1955.
Angelika Feilhauer: Feste feiern in Deutschland. Ein Führer zu alten und neuen Volksfesten und Bräuchen. Zürich 2000.
Israel Finkelstein/Neil Asher Silberman: Keine Posaunen vor Jericho. Die archäologische Wahrheit über die Bibel. Aus dem Englischen von Miriam Magall. München 2002.
Dorothea Forstner: Die Welt der Symbole. Innsbruck 1961.
Hjalmar Frisk: Griechisches etymologisches Wörterbuch. 3 Bände. Heidelberg 1960–1972.
Hans-Jochen Gamm: Judentumskunde. Eine Einführung. München 1966.
Geflügelte Worte. Der Zitatenschatz des deutschen Volkes gesammelt und erläutert von Georg Büchmann. Bearbeitet von Winfried Hofmann. Frankfurt/M. [33]1981.
Hans-Dieter Gelfert: Max und Monty. Kleine Geschichte des deutschen und englischen Humors. München 1998.
Walter Gerlach: Das neue Lexikon des Aberglaubens. Frankfurt/M. 1998.
Helmuth von Glasenapp: Die nichtchristlichen Religionen. Frankfurt/M. 1957.
Alfred Götze: Neuhochdeutsches Glossar. Berlin/West [7]1967.
Jacob Grimm/Wilhelm Grimm: Deutsches Wörterbuch. 33 Bände. München [2]1984.
Berndt Guben: Schwarz, rot und gold. Biographie einer Fahne. Berlin 1991.
Ludwig Günther: Die deutsche Gaunersprache und verwandte Geheim- und Berufssprachen. Leipzig o.J. [Erweiterter Reprint der Erstausgabe von 1919.]
Christoph Gutknecht: Lauter blühender Unsinn. Erstaunliche Wortgeschichten von Aberwitz bis Wischiwaschi. München 2001.
Christoph Gutknecht: Lauter böhmische Dörfer. Wie die Wörter zu ihrer Bedeutung kamen. München [3]1996.
Christoph Gutknecht: Lauter spitze Zungen. Geflügelte Worte und ihre Geschichte. München 1996.
Christoph Gutknecht: Pustekuchen! Lauter kulinarische Wortgeschichten. München 2002.
Harald Haarmann: Kleines Lexikon der Sprachen. Von Albanisch bis Zulu. München 2001.
Hanswilhelm Haefs: Handbuch des nutzlosen Wissens. München 1989.

Hanswilhelm Haefs: Das zweite Handbuch des nutzlosen Wissens. München 1991.
Handwörterbuch des deutschen Aberglaubens. Hrsg. v. Hanns Bächtold-Stäubli. 10 Bände. Berlin 1927–1942.
Roland Hanewald: Kauderwelsch. Spaß mit Sprachen. Bielefeld 1995.
Hans Hattenhauer: Geschichte der deutschen Nationalsymbole. Zeichen und Bedeutung. München ²1990.
Frank Heidermanns: Etymologisches Wörterbuch der germanischen Primäradjektive. Berlin 1993.
Hans Helfritz: Äthiopien – Kunst im Verborgenen. Ein Reiseführer ins Land des Löwen von Juda. Köln 1972.
Eckhard Henscheid/Gerhard Henschel/Brigitte Kronauer: Kulturgeschichte der Mißverständnisse. Studien zum Geistesleben. Stuttgart 1997.
Eike Christian Hirsch: Deutsch für Besserwisser. Hamburg 1976.
E. O. James: Religionen der Vorzeit. Aus dem Englischen von Karl-Otto von Czernicki. Köln 1960.
Johannes John: Reclams Zitaten-Lexikon. Stuttgart 1993.
[Friedrich] Kluge: Etymologisches Wörterbuch der deutschen Sprache. Bearbeitet von Elmar Seebold. Berlin ^{23}1995.
Gerd Köbler: Wörterbuch des althochdeutschen Sprachschatzes. Paderborn 1993.
Alfred J. Kolatch: Jüdische Welt verstehen. Sechshundert Fragen und Antworten. Deutsch von Barbara Höhfeld unter Mitarbeit von Schimon Or und Jörg Roggenbuck. Wiesbaden ^{5}2000.
Angela König/Ingemar König: Der römische Festkalender der Republik. Feste, Organisationen und Priesterschaften. Stuttgart 1991.
Gerhard Konzelmann: Aufbruch der Hebräer. Der Ursprung des biblischen Volkes. München 1976.
Heinrich Krauss: Kleines Lexikon der Bibelworte. München ^{3}1998.
Kurt Krüger-Lorenzen: Deutsche Redensarten und was dahinter steckt. München 1982.
Heinz Küpper: Wörterbuch der deutschen Umgangssprache. Stuttgart 1997.
Jürgen Küster: Die Fastnachtsfeier. Über Sinn und Herkunft der Narrenbräuche. Freiburg/Br. 1987.
Jürgen Küster: Wörterbuch der Feste und Bräuche im Jahreslauf. Eine Einführung in den Festkalender. Freiburg/Br. 1985.
Waltraud Legros: Was die Wörter erzählen. Eine kleine etymologische Fundgrube. München 1997.
Frank W. Lemke u. a.: Äthiopien. Kultur. Religion. Geschichte. Stuttgart 1998.
Matthias Lexer: Mittelhochdeutsches Handwörterbuch. 3 Bände. Leipzig 1872–1878.
Lexikon der Antike. Hrsg. von Johannes Irmscher in Zusammenarbeit mit Renate Johne. Bindlach ^{8}1987.

Erich Linnenkohl: Die Wenden und die «Slawen» genannten Völker. Sprachliche Widerlegung der These von den «slawischen» Völkern. Frankfurt/M. ²1995.
Hartwig Lödige: Ketchup, Jeans und Haribo. Die letzten Rätsel unserer Sprache. München 2000.
Ronald Lötzsch: Jiddisches Wörterbuch. Leipzig 1990.
Dietz-Rüdiger Moser: Bräuche und Feste im christlichen Jahreslauf. Brauchformen der Gegenwart in kulturgeschichtlichen Zusammenhängen. Graz 1993.
Dietz-Rüdiger Moser: Fastnacht–Fasching–Karneval. Das Fest der «Verkehrten Welt». Graz 1986.
Ottfried Neubecker: Wappenkunde. München 2002.
Heike Olschanksy: Täuschende Wörter. Kleines Lexikon der Volksetymologien. Stuttgart 1999.
Charles Talbot Onions: The Oxford Dictionary of English Etymology. Oxford 1966.
Charles Panati: Populäres Lexikon der religiösen Gegenstände und Gebräuche. Deutsche Fassung von Reinhard Kaiser. Frankfurt/M. 1998.
Hermann Paul: Deutsches Wörterbuch. Bearbeitet von Helmut Henne und Georg Objartel unter Mitarbeit von Heidrun Kämper-Jensen. Tübingen ⁹1992.
Paulys Real-Encyclopädie der classischen Altertumswissenschaften. Begonnen von Georg Wissowa. Fortgeführt von Wilhelm Kroll und Karl Mittelhaus. Unter Mitwirkung zahlreicher Fachgenossen hrsg. von Konrat Ziegler. Stuttgart 1894 ff.
Leander Petzoldt: Volkstümliche Feste. Ein Führer zu Volksfesten, Märkten und Messen in Deutschland. München 1983.
Herbert Pfeiffer: Das große Schimpfwörterbuch. Über 10000 Schimpf-, Spott- und Neckwörter zur Bezeichnung von Personen. Frankfurt/M. 1996.
P.M. Peter Mosleitners Magazin. Die moderne Welt des Wissens. München 1978 ff.
Julius Pokorny: Indogermanisches etymologisches Wörterbuch. 2 Bände. Bern 1959/1969.
Arnold Rabbow: Visuelle Symbole als Erscheinung der nicht-verbalen Publizistik. Phil. Diss. Münster 1966.
Barbara Rias-Bucher: Feste & Bräuche. Eine Einladung zum Feiern. München 1999.
Lutz Röhrich: Lexikon der sprichwörtlichen Redensarten. 5 Bände. Freiburg/Br. ⁴1999.
Roger Rössing: Russisches Roulette und schwedische Gardinen. Neue unbekannte Geschichten zu bekannten Begriffen. Frechen 2001.
Paul Sartori: Sitte und Brauch. Band 3. Zeiten und Feste des Jahres. Leipzig 1914.

Rudolf Schenda: Das ABC der Tiere. Märchen, Mythen und Geschichten. München 1995.
Rudolf Schmidt: Tierisches in unserer Muttersprache. Ein unterhaltsamer Beitrag zur deutschen Sprachkunde. Gerabronn-Crailsheim 1972.
Sybil Gräfin Schönfeldt: Feste & Bräuche durch das Jahr. Berlin 1999.
Alfred Sellner: Latein im Alltag. Alphabetisch geordnetes Nachschlagewerk von lateinischen Sentenzen, Zitaten, Sprichwörtern [...]. Wiesbaden 1984.
Die siebzig großen Geheimnisse der alten Kulturen. Hrsg. v. Brian M. Fagan. Aus dem Englischen von Manfred Mothes u. a. Frankfurt/Main 2001.
Christa von Staden: See you later, alligator! Sprachgewandt mit animalischen Idioms. Reinbek 1997.
A. J. Storfer: Im Dickicht der Sprache. Berlin 1935.
A. J. Storfer: Wörter und ihre Schicksale. Wien 1937.
Streifzüge durch die antike Welt. Ein historisches Lesebuch. Hrsg. von Andreas Patzer. München 1995.
Streifzüge durch die frühen Hochkulturen. Ein historisches Lesebuch. Hrsg. von Heiko Steuer und Ulrich Zimmermann. München ^{2}1997.
Der Talmud. Ausgewählt, übersetzt und erklärt von Reinhold Mayer. München 1999.
Jo Teichmann: Was hat das Schwein mit Glück zu tun? Tierische Redewendungen von aalglatt bis wieselflink. Frankfurt/M. 1994.
Abraham Tendlau: Jüdische Sprichwörter und Redensarten. Als Beitrag zur Volks-, Sprach- und Sprichwörter-Kunde. Aufgezeichnet aus dem Munde des Volkes und nach Wort und Sinn erläutert. Köln 1998. [Erstausgabe: Frankfurt/M. 1860.]
J. A. Thompson: Hirten, Händler und Propheten. Die lebendige Welt der Bibel. Aus dem Englischen von Heinz-Helmut Bernhardt u. a. Gießen ^{2}1996.
Edward Tripp: Reclams Lexikon der antiken Mythologie. Deutsch von Rainer Rauthe. Stuttgart ^{6}1999.
VENI VIDI VICI. Geflügelte Worte aus dem Griechischen und Lateinischen. Ausgewählt und erläutert von Klaus Bartels. Zürich 1989.
Wilhelm Volkert: Kleines Lexikon des Mittelalters. Von Adel bis Zunft. München ^{3}2000.
A. Walde/J. B. Hoffmann: Lateinisches etymologisches Wörterbuch. 2 Bände. Heidelberg ^{5}1982.
Heinz Waldner: Die ältesten Wappenbilder. Eine internationale Übersicht. Berlin 1992.
Karl Julius Weber: Demokritos. Fünfundvierzig muntere Stücklein aus den hinterlassenen Papieren des lachenden Philosophen. Hrsg. von Gerda Böttcher und Herbert Greiner-Mai. Berlin/DDR 1984.
Ingeborg Weber-Kellermann: Das Weihnachtsfest. Eine Kultur- und Sozialgeschichte der Weihnachtszeit. München 1978.

Ernest Weekly: An Etymological Dictionary of Modern English. London 1921.
Janet Whitcut: The Penguin Book of Exotic Words. London 1996.
Siegmund A. Wolf: Jiddisches Wörterbuch. Wortschatz des deutschen Grundbestandes der jiddischen (jüdischdeutschen) Sprache mit Leseproben. Hamburg [3]1993.
Siegmund A. Wolf: Wörterbuch des Rotwelschen. Deutsche Gaunersprache. Mannheim 1956.
Herwig Wolfram: Die Germanen. München [6]2001.
Dieter E. Zimmer: Deutsch und anders. Die Sprache im Modernisierungsfieber. Reinbek 1997.

Index

Vom selben Verfasser

Peter Köhler
Basar der Bildungslücken
Kleines Handbuch des entbehrlichen Wissens
2. Aufl. 2001. 160 Seiten. Paperback
Beck'sche Reihe Band 1360

«‹Grün ist die Hoffnung, weiß die Friedensfahne, bei Trauer trägt man schwarz. So einfach ist das. Auch in der Politik ist alles klar: Die Linken sind rot, die Konservativen schwarz.› Muß man also weiterlesen? Unbedingt, denn wieso die Linken die Farbe Rot haben und wieso das feurige Rot männlich, Blau aber weiblich ist oder zumindest war, tut uns Peter Köhler in seinem ‹Basar der Bildungslücken› kund. ‹Kleines Handbuch des entbehrlichen Wissens› nennt der deutsche Journalist und Schriftsteller sein Büchlein auch. Wie er uns da auf 159 Seiten ursprüngliche und zugewandte Bedeutungen von allerlei Kinkerlitzchen und Fisimatentchen nahe bringt, ist höchst amüsant.» *Die Weltwoche*

«Das von P. Köhler präsentierte Wissen mag zwar entbehrlich sein, Vergnügen bereitet es allemal. Die zumeist bereits in der Hannoverschen Allgemeinen erschienenen Bildungslücken-Füller beantworten Fragen, die man sich vielleicht noch gar nicht gestellt hat: Warum stritt man sich um des Kaisers Bart? Wieso setzen wir unseren Friedrich Wilhelm unter ein Dokument? Köhler weiß auf alles eine Antwort und läßt uns daran teilhaben. Auf je 2–3 Seiten geht er den Dingen etymologisch und kulturhistorisch auf den Grund.» *Informationsdienst für Bibliotheken*

«Diejenigen, die an Sprache, an Deutsch, an Etymologie ihr Vergnügen haben, die werden hier reich beschenkt mit amüsant formulierten Wort- und Sprach-Erklärungen – sofern sie diese noch nicht kennen. Wieso heißen die Deutschen Deutsche, wieso nennen uns die Franzosen Allemands, die Engländer Germans? Woher kommt der Ausdruck, einen Affenzahn draufhaben? Und warum sprechen wir von Larifari, Fisimatenten und Kinkerlitzchen? Dies alles und noch viel mehr erklärt Dr. phil. Peter Köhler auf angenehm unakademische Art.» *Darmstädter Echo*

«Ein fächerübergreifendes kleines Lesebuch für Wissende, Unwissende und Möchtegern-Besserwissende.» *Göttinger Tageblatt*

Verlag C. H. Beck München